使いやすい！教えやすい！家庭学習に最適の問題集！

ノートルダム清心女子大学附属小学校
朝日塾小学校

2021年度版

過去問題集

最新の入試問題と特徴的な出題を含めた全40問掲載

<問題集の効果的な使い方>

①お子さまの学習を始める前に、まずは保護者の方が「入試問題」の傾向や難しさを確認・把握します。その際、すべての「学習のポイント」にも目を通しましょう。
②入試に必要なさまざまな分野学習を先に行い、基礎学力を養ってください。
③学力の定着が窺えたら「過去問題」にチャレンジ!
④お子さまの得意・苦手が分かったら、さらに分野学習をすすめレベルアップを図りましょう!

必ずおさえたい問題集

ノートルダム清心女子大学附属小学校

常識	Ｊｒ・ウォッチャー11「いろいろな仲間」
数量	Ｊｒ・ウォッチャー14「数える」
図形	Ｊｒ・ウォッチャー4「同図形探し」
言語	Ｊｒ・ウォッチャー17「言葉の音遊び」
行動観察	Ｊｒ・ウォッチャー29「行動観察」

朝日塾小学校

お話の記憶	1話5分の読み聞かせお話集①・②
図形	Ｊｒ・ウォッチャー1「点・線図形」
常識	Ｊｒ・ウォッチャー30「生活習慣」
推理	Ｊｒ・ウォッチャー15「比較」
制作	Ｊｒ・ウォッチャー23「切る・貼る・塗る」

●資料提供●

地球ランド

ISBN978-4-7761-5325-2

C6037 ¥2500E

9784776153252

1926037025009

日本学習図書 ニチガク

定価　本体2,500円＋税

ニチガクの家庭学習支援

Web学習サポートサービス

こんなこと…ありませんか？

「ニチガクの問題集…買ったはいいけど、、、
この問題の教え方がわからない（汗）」

メールでお悩み解決します！

- ☆ホームページ内の専用フォームで必要事項を入力！
- ☆教え方に困っているニチガクの問題を教えてください！
- ☆確認終了後、具体的な指導方法をメールでご返信！
- ☆全国どこでも！スマホでも！ぜひご活用ください！

＜質問回答例＞

学習のポイント

推理分野の学習では、後の学習に活きる思考力を養うことができます。ご家庭で指導する場合にも、テクニックにたよらず、保護者の方が先に基本的な考え方を理解した上で、お子さまによく考えさせることを大切にして指導してください。

Q.「お子さまによく考えさせることを大切にして指導してください」と学習のポイントにありますが、考える習慣をつけさせるためには、具体的にどのようにしたらいいですか？

A.お子さまが考える時間を持てるように、質問の仕方と、タイミングに工夫をしてみてください。
たとえば、「答えはあっているけど、どうやってその答えを見つけたの」「答えは○○なんだけど、どうしてだと思う？」という感じです。はじめのうちは、「必ず30秒考えてから手を動かす」などのルールを決める方法もおすすめです。

まずは、ホームページへアクセスしてください!!

http://www.nichigaku.jp　日本学習図書　検索

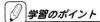

目指せ！合格！

家庭学習ガイド

ノートルダム清心女子大学附属小学校

入試情報

出題形態：ペーパー、ノンペーパー
面　　接：あり（保護者面接）
出題領域：ペーパーテスト（記憶、数量、図形、常識）、行動観察、運動

受験にあたって

2020年度の入学試験では、ペーパーテスト、保護者面接、行動観察が行われました。

ペーパーテストは、記憶、数量、図形、常識の分野から出題されています。本年度はさまざまなジャンル（卵生・胎生の生きもの、ものの性質など）から常識分野が出題されました。絵の記憶や数量の問題は例年通り出題されています。

試験全体を通して、生活体験の有無が問われる内容となっています。行動観察や運動の課題は集団で行うものなので、お友だちと遊ぶことで慣れておくとよいでしょう。ペーパー学習も大切ですが、さまざまなことを体験するということも学習ととらえ、ペーパー、ノンペーパーのバランスを考えた学習をしていきましょう。

保護者面接では例年、通学方法や志願者の長所・短所、家庭内の約束事などが聞かれています。ふだんから家庭でこれらの話題について話し合う機会を持ち、両親の間で意見を一致させておきましょう。いわゆるマニュアル通りの回答をするのではなく、具体例などを盛りこみ、ご家庭の様子を伝えられれば、学校側に好印象を与えることができるでしょう。

必要とされる力　ベスト6

チャートで早わかり！

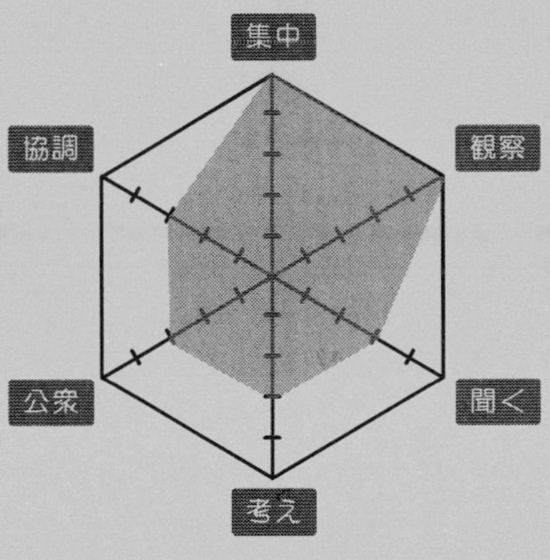

特に求められた力を集計し、左図にまとめました。
下図は各アイコンの説明です。

	アイコンの説明
集中	集　中　力…他のことに惑わされず１つのことに注意を向けて取り組む力
観察	観　察　力…２つのものの違いや詳細な部分に気付く力
聞く	聞　く　力…複雑な指示や長いお話を理解する力
考え	考える力…「～だから～だ」という思考ができる力
話す	話　す　力…自分の意志を伝え、人の意図を理解する力
語彙	語　彙　力…年齢相応の言葉を知っている力
創造	創　造　力…表現する力
公衆	公衆道徳…公衆場面におけるマナー、生活知識
知識	知　　　識…動植物、季節、一般常識の知識
協調	協　調　性…集団行動の中で、積極的かつ他人を思いやって行動する力

※各「力」の詳しい学習方法などは、ホームページに掲載してありますのでご覧ください。http://www.nichigaku.jp

目指せ！合格！

家庭学習ガイド
朝日塾小学校

入試情報

出題形態：ペーパー、ノンペーパー
面　　接：あり（保護者面接）
出題領域：ペーパーテスト（記憶、常識、言語、数量、図形、推理）、制作、行動観察

受験にあたって

当校のペーパーテストは、広い範囲から多くの問題が出題されることが特徴です。2020年度も、**記憶**、**常識**、**言語**、**数量**、**図形**、**推理**から出題されました。

出題傾向は、例年とほとんど変わっていません。過去問題を解き、傾向をしっかりつかんだ上で、苦手な分野を見つけ、重点的に克服するという学習をおすすめします。問題はそれほど難しいものではないので、どの分野も基礎を身に付けていれば解けるものです。ただし設問数が多いので、お子さまには集中力と粘り強さが求められます。メリハリを付けた指導と、時間やペーパーの枚数を決めて学習するなどの工夫をするとよいでしょう。

ペーパーテスト以外では、**制作**、**行動観察**の課題が出題されています。制作では例年、「塗る」ことが中心の課題が出されています。行動観察では、運動に近い「ドンジャンケン」です。制作や行動観察で共通して観られていることは、指示をしっかり聞くこと、課題に取り組む姿勢です。お子さまが１つひとつの課題に対し、どういう姿勢で向き合っているのか、保護者の方はチェックするようにしましょう。

必要とされる力 ベスト6

チャートで早わかり！

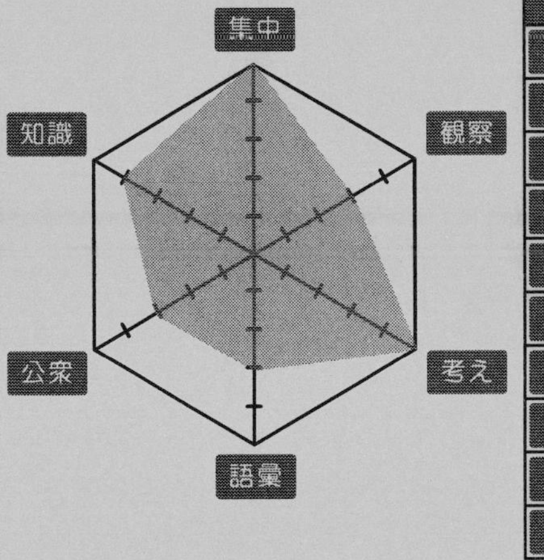

特に求められた力を集計し、左図にまとめました。
下図は各アイコンの説明です。

	アイコンの説明
集中	集　中　力…他のことに惑わされず１つのことに注意を向けて取り組む力
観察	観　察　力…２つのものの違いや詳細な部分に気付く力
聞く	聞　く　力…複雑な指示や長いお話を理解する力
考え	考える力…「～だから～だ」という思考ができる力
話す	話　す　力…自分の意志を伝え、人の意図を理解する力
語彙	語　彙　力…年齢相応の言葉を知っている力
創造	創　造　力…表現する力
公衆	公衆道徳…公衆場面におけるマナー、生活知識
知識	知　　　識…動植物、季節、一般常識の知識
協調	協　調　性…集団行動の中で、積極的かつ他人を思いやって行動する力

※各「力」の詳しい学習方法などは、ホームページに掲載してありますのでご覧ください。http://www.nichigaku.jp

ノートルダム清心女子大学附属小学校
朝日塾小学校

過去問題集

〈はじめに〉

現在、少子化が叫ばれているにもかかわらず、私立・国立小学校には一定の応募者があります。このような状況では、ただやみくもに学習をするだけでは合格は見えてきません。志望校の過去における出題傾向を研究・把握した上で、学習を進めていくこと、その上で試験までに志願者の不得意分野を克服していく事が必須条件です。そこで、本問題集は小学校を受験される方々に、志望校の出題傾向をより詳しく知っていただくために、過去に遡り、出題頻度の高い問題を結集いたしました。最新のデータを含む精選された過去問題集で実力をお付けください。

〈本書ご使用方法〉

◆出題者は出題前に一度問題を通読し、出題内容などを把握した上で、〈 準 備 〉の欄に表記してあるものを用意してから始めてください。
◆お子さまに絵の頁を渡し、出題者が問題文を読む形式で出題してください。ただし、問題を読んだ後で、絵の頁を渡す問題もありますので注意してください。
◆「分野」は、問題の分野を表しています。弊社の問題集の分野に対応していますので、復習の際の目安にお役立てください。
◆一部の描画や工作、常識等の問題については、解答が省略されているものがあります。お子さまの答えが成り立つか、出題者が各自でご判断ください。
◆〈 時 間 〉につきましては、目安とお考えください。
◆〈 学習のポイント 〉は、指導の際のご参考にしてください。

〈本書ご使用にあたっての注意点〉

◆文中に この問題の絵は縦に使用してください。 と記載してある問題の絵は縦にしてお使いください。
◆〈 準 備 〉の欄で、クーピーペン、またはクレヨンと表記してある場合は12色程度の物を、画用紙と表記してある場合は白い画用紙をご用意ください。
◆文中に この問題の絵はありません。 と記載してある問題には絵の頁がありませんので、ご注意ください。なお、問題の絵の右上にある番号が連番でなくても、中央下の頁番号が連番の場合は落丁ではありません。
下記一覧表の●が付いている問題は絵がありません。

問題1	問題2	問題3	問題4	問題5	問題6	問題7	問題8	問題9	問題10
								●	
問題11	問題12	問題13	問題14	問題15	問題16	問題17	問題18	問題19	問題20
問題21	問題22	問題23	問題24	問題25	問題26	問題27	問題28	問題29	問題30
									●
問題31	問題32	問題33	問題34	問題35	問題36	問題37	問題38	問題39	問題40

〈ノートルダム清心女子大学附属小学校〉

※問題を始める前に、本文の「家庭学習ガイド」「本書ご使用方法」「ご使用にあたっての注意点」をご覧ください。

2020年度の最新問題

問題1　分野：記憶（絵の記憶）

集中　観察

〈準　備〉　クーピーペン（黒）

〈問　題〉　（問題１－２の絵を伏せたまま、問題１－１の絵を見せる）
絵をよく見て覚えてください。
（20秒見せて伏せる）
（問題１－２の絵を見せる）
先に見せた絵にあったものに、○をつけてください。

〈時　間〉　30秒

〈解　答〉　○：シカ、ハト、三輪車

［2020年度出題］

学習のポイント

当校では絵の記憶の問題は頻出しているので、必ず押さえておきたい分野の１つです。記憶する絵はだいたい３～４つと、数はそれほど多くありません。しっかりと予習していれば解ける問題と言えます。例年同じ形式なので当校の過去問題を解いていけば、それが対策になります。絵を記憶する際は、絵を見る順番を「左から右へ」「上から下へ」と一定にすると頭に残りやすくなるでしょう。このようにして、ある程度記憶できるようになれば、記憶する時間を短くして取り組んでみましょう。３～４つのものを記憶する場合でも、時間が違えば難しさは変わってきます。この問題は30秒で記憶するので、ふだんはお子さまにそれよりも短い時間で慣れさせておけば、入試本番で心の余裕が生まれます。

【おすすめ問題集】
Ｊｒ・ウォッチャー20「見る記憶・聴く記憶」

問題2　分野：数量（計数）

観察　集中

〈準備〉　クーピーペン（黒）

〈問題〉　**この問題の絵は縦に使用してください。**
それぞれの段の四角の中に描かれたものの中で、１番数が多いものに○をつけてください。

〈時間〉　各20秒

〈解答〉　①左：チョウチョ　②右：モモ　③左：ゴリラ　④右：バナナ
⑤真ん中：自転車

［2020年度出題］

学習のポイント

徐々に数えるものの数が増えていくので、はじめの方でつまずかないように気を付けましょう。小学校受験の数量では、10程度が数えられることが基本になりますが、本問では10を超える数をかぞえなければなりません。ですが、10を超えたからといって急に難しくなるわけではないので、学習を進める中で10以上の数にも対応できるようにしておけば安心です。また、入試が近くなってきたら、数えるのではなく、いくつあるかを見て認識できるようになってほしいところです。10以上の数を１つひとつ数えるほど、解答時間に余裕はありません。ぱっと見ていくつかわかることが理想ではありますが、少なくとも多少の違いはわかるようにしておきましょう。

【おすすめ問題集】
Ｊｒ・ウォッチャー14「数える」、15「比較」、58「比較②」

問題3　分野：常識（知識）

観察　知識

〈準備〉　クーピーペン（黒）

〈問題〉　絵を見てください。この中で水に沈むものに○をつけてください。

〈時間〉　20秒

〈解答〉　ハサミ、磁石

［2020年度出題］

学習のポイント

こうした問題では、知識して知っているかどうかではなく、実際にものを水に浮かべたり、沈めたりしたことがあるかどうかという体験の有無が観られています。ということは、出題されるものは身近にあるものばかりです。ペーパー学習で、「沈むもの」「沈まないもの」というように暗記をするのではなく、お風呂などで、実際にその様子を見せてあげることの方が、より効果的な学習になります。そうした経験を繰り返していくと、「金属でできたものは沈む」「木でできたものは浮く」というように、素材によって浮くものと沈むものの違いがあるということに気付くのです。そうした感覚を身に付けることができれば、浮くものと沈むものを細かく覚えなくても答えられるようになります。手間がかかる方法に思えるかもしれませんが、応用できる範囲を考えれば、むしろ効率的と言えるかもしれません。

【おすすめ問題集】
Ｊｒ・ウォッチャー11「いろいろな仲間」

問題4　分野：常識（いろいろな仲間）

観察　知識

〈準 備〉　クーピーペン（黒）、問題４の絵を点線に沿って切っておく。

〈問 題〉　①この中で１つだけ仲間はずれのものがあります。それを選んで○をつけてください。②も同様に答えてください。

〈時 間〉　各20秒

〈解 答〉　①○：時計　②○：ボール

[2020年度出題]

学習のポイント

常識は生活の中で身に付けるべきものです。ペーパーに偏ることなく、経験を通じて知識を積み重ねるようにしてください。ペーパー学習をする時でも、正解か不正解かだけを気にするのではなく、なぜそれが仲間外れなのかを確認するようにしてください。また、そこから違う仲間を探したり、ほかの答えはないかを聞いてみたりすることで、発展的な学習につながります。小学校受験年齢では、１つのことを覚えてしまうと、違った視点を持つことが難しいこともあります。さまざまな切り口で仲間分けができるように、保護者の方が導いてあげてください。いつでもどこでも学ぶことができる分野です。日常生活の中で学習できる環境を作っていきましょう。

【おすすめ問題集】
Ｊｒ・ウォッチャー11「いろいろな仲間」

問題5　分野：常識（理科）

観察　知識

〈準備〉　クーピーペン（黒）

〈問題〉　卵で産まれるものに○をつけてください。

〈時間〉　1分

〈解答〉　○：魚、カブトムシ、クワガタ、ヘビ、チョウチョ、カラス

［2020年度出題］

学習のポイント

常識の中でも、理科常識は生活の中で身に付けにくい分野です。本問のような生きものの産まれ方は、小学校受験でもよく出題されていますが、日常生活の中で自然に得られる知識ではありません。だからといって、丸暗記させるようなやり方では、よい学習とは言えません。お子さまの興味や関心のあるところから始めていきましょう。ご家庭でイヌやネコを飼っているのであれば、どうやって産まれるのか知っているか聞いてください。釣りが好きなら魚のこと、カブトムシが好きなら昆虫のこと、というように好きなものをきっかけにして、知識を広げていくとよいでしょう。インターネットなどで、動画や画像を見ることが簡単な時代です。そうしたメディアも活用して、学習を進めていってください。

【おすすめ問題集】
Ｊｒ・ウォッチャー27「理科」、55「理科②」

問題6　分野：図形（合成）

観察　集中

〈準備〉　クーピーペン（黒）

〈問題〉　左の四角の中の図形を作るために必要なパーツを右の四角の中から２つ選んで○をつけてください。

〈時間〉　各20秒

〈解答〉　①左端、右端　②左端、右から２番目　③左端、右端
④左から２番目、右から２番目

［2020年度出題］

学習のポイント

使うパーツが２つと明示されているので、取り組みやすい問題と言えます。こうした問題の基本は大きなパーツから当てはめていくことです。その空いたところに入るパーツを考えればよいということになります。ただ、本問ではパーツは２つだけなので、感覚的に答えられるお子さまも多いでしょう。もし、難しいと感じているようなら、問題を切り取って手を動かしながら考えていくとよいでしょう。実際に手を動かして考えることは、図形の基礎になります。そうした経験を積み重ねることで、頭の中で図形を動かすことができるようになります。ペーパーに偏りがちな分野ではありますが、それ以前に手を動かして考えることが重要なポイントになるのです。

【おすすめ問題集】

Ｊｒ・ウォッチャー４「同図形探し」、９「合成」

問題７　分野：図形（重ね図形）

考え　観察

〈準備〉　クーピーペン（黒）

〈問題〉　（問題７－１の絵を見せる）
①上の段を見てください。影が重なってできているのですが、何を重ねてできたものでしょうか。その重なっているものを下の四角から選んで○をつけてください。
（問題７－２の絵を見せる）
②も同様に答えてください。

〈時間〉　30秒

〈解答〉　①箸、皿、鉛筆　②ネコ、シカ、イヌ

［2020年度出題］

家庭学習のコツ①　「家庭学習ガイド」はママの味方！

問題演習を始める前に、試験の概要をまとめた「家庭学習ガイド（本書カラーページに掲載）」を読みましょう。「家庭学習ガイド」には、応募者数や試験科目の詳細のほか、学習を進める上で重要な情報が掲載されています。それらの情報で入試の傾向をつかみ、学習の方針を立ててから、対策学習を始めてください。

学習のポイント

絵がシルエットになっているので、形の特徴をとらえることができるかどうかが最大のポイントです。本問では、選択肢と重なっている絵が同じ向きなのでわかりやすい問題と言えるでしょう。一般的には、図形や道具などの絵が多いのですが、動物のシルエットという珍しい出題なので少し戸惑うかもしれません。ただ、動物の方が特徴的な部分が多いとも言えるので、しっかり見比べれば問題ありません。選択肢と重なっている絵の向きが変わっている問題では、頭の中で図形（絵）を動かすという作業が加わるので、難しさが大きく違ってきます。本問が簡単にできるというお子さまは、応用問題として取り組んでみてもよいでしょう。

【おすすめ問題集】

Ｊｒ・ウォッチャー35「重ね図形」

問題8　分野：運動

協調　聞く

〈準備〉　ボール（ドッジボール用）

〈問題〉　①準備運動：テスターの指示にしたがって、その場でケンパをする。
②（７人程度のグループで行う。あらかじめ志願者１人ひとりの配置を適宜割り振っておく）
「転がしドッジボール」をします。枠の外の人が「オニ」になって、ボールを投げずに転がして向こう側のオニに渡します。枠の中の人の足にボールが当たったら、その人は外へ出てオニになり、ボールを転がした人と交代してください。ルールを守ってゲームをしましょう。

〈時間〉　適宜

〈解答〉　省略

［2020年度出題］

学習のポイント

本問の課題は当校で例年出題されています。７人程度のグループを作らなければならないので、ご家庭で入試と同様の練習をするのは無理ですが、どういった問題なのかを知っておいた方がよいでしょう。イラストを見て、お子さまといっしょに予習しておいてください。ここでは、準備運動のケンパや、ボールを転がして行うドッジボールなど、集団で課題に取り組む中でどのように振る舞うかが観られています。運動能力を観ているのではありません。先生の指示を聞くこと（状況を把握する力）、元気に主体的に取り組むこと（積極性、素直さ）、指示を守ってゲームを成立させること（協調性）、お友だちとコミュニケーションをとって共同作業を行うこと（社会性）、マナーを守ること（公共性）など、運動能力以外のことも評価のポイントなのです。これらは、お子さまが入学後に学校生活を営んでいく上で、大切となってくることです。日常生活を通してお子さま自身が自然に身に付けていけるように、家庭内でのコミュニケーションやお友だちとの遊びの時間を大切にしてください。

【おすすめ問題集】

Ｊｒ・ウォッチャー28「運動」、29「行動観察」

問題9　分野：行動観察

協調

〈準備〉　積み木（約20個程度）

〈問題〉　この問題の絵はありません。

４人程度のグループになって、協力して、積み木で立派なお城を作りましょう。

〈時間〉　適宜

〈解答〉　省略

［2020年度出題］

学習のポイント

毎年課題は変化していますが、行動観察で重要なのはどんな課題かではなく、どんな行動をするかということです。グループ課題のポイントは「協調性」と「積極性」です。それ以外にも観られている項目はありますが、この２つさえしっかりとできていれば、悪い評価になることはありません。「これをしてはダメ」「あれをしてはダメ」と言って萎縮させてしまうと、かえって悪い結果にもつながりかねません。みんなと仲良くできることが、行動観察では最高の評価になります。それは、入学後の学校生活を考えれば、理解できるでしょう。行動観察に関して、非常に細かなことまで気にしてしまう保護者の方もいますが、行動観察の意味をよく考えれば、もう少しゆとりをもって取り組むことができるでしょう。

【おすすめ問題集】

Ｊｒ・ウォッチャー29「行動観察」

家庭学習のコツ②　効果的な学習方法～問題集を通読する

過去問題集を始めるにあたり、いきなり問題に取り組んではいませんか？　それでは本書を有効活用しているとは言えません。まず、保護者の方が、すべてを一通り読み、当校の傾向、ポイント、問題のアドバイスを頭に入れてください。そうすることにより、保護者の方の指導力がアップします。また、日常生活のさまざまなことから、保護者の方自身が「作問」することができるようになっていきます。

2019年度以前の過去問題

問題10　分野：記憶（絵の記憶）　集中　観察

〈準 備〉　クーピーペン（黒）

〈問 題〉　（問題10－２の絵を伏せたまま、問題10－１の絵を見せる）
絵をよく見て覚えてください。
（20秒見せて伏せる）
（問題10－２の絵を見せる）
先に見せた絵にあったものに、○をつけてください。

〈時 間〉　30秒

〈解 答〉　○：飛行機、ヘリコプター

［2019年度出題］

学習のポイント

描かれているものが正しく記憶されているかどうかが問われる、絵の記憶の問題です。この問題形式は過去５年間で２度出題されています。解き方は後で述べますが、まず、このような問題が出題されるということを意識しておくとよいでしょう。本問では、最初に見た絵と次に見た絵の両方に描かれているものを選びます。位置は問われませんので、１つひとつ何が描かれているのかをていねいに記憶するようにしてください。家庭で学習する時は、お子さまに絵を見せ終えた時に、すぐに次の絵を見せるのではなく、今見た絵に何が描かれていたか、聞いてください。１つひとつ答えられるようであれば、容易に正解できるでしょう。また、答えられなかった場合に、もう一度１枚目の絵を見せ直すということはしないようにしましょう。見せてもらえるという期待が集中力を欠いてしまいます。絵の数を増やしたり、同じような絵でもどこかが違う絵などで練習を繰り返していけば、正解できるようになります。

【おすすめ問題集】
Ｊｒ・ウォッチャー20「見る記憶・聴く記憶」

問題11　分野：言語（しりとり）

語彙　観察

〈準備〉　クーピーペン（黒）

〈問題〉　上の段の絵は、左から右へしりとりでつながっています。真ん中の「？」部分に入るものを下の段の中から選んで、○をつけてください。

〈時間〉　20秒

〈解答〉　左（タコ）

［2019年度出題］

学習のポイント

当校では「言葉の音（おん）」の問題がほぼ毎年出題されています。音（おん）の問題に限らず、ほかの言語分野の問題も頻繁に扱われています。どのような形式の問題が出題されても解答できるように取り組んでおきましょう。さて、この問題の解き方ですが、上の段の「？」部分の前後が「クワガタ」、「コマ」となっています。そうすると「タ」で始まり、「コ」で終わる言葉が正解ということになります。なお、言語分野のどの問題にも言えることですが、お子さまが出題されているものの名前を一般的な表現ではなく、幼児語などで覚えていると、それが「何か」はわかっていても、問題に答えられないことがあります。言葉の音（おん）が違うことがあるからです。一般的な言葉の語彙を増やし、言葉の使い方をしっかり身に付けるには、コミュニケーションを頻繁にとることはもちろんですが、読み聞かせも習慣にしたいところです。また、言語、常識など知識を問う分野のやっかいなところは、お子さまが見たことがないと、当然答えることはできないことです。図鑑やほかのメディアを活用して知識や語彙を増やすことをこころがけましょう。

【おすすめ問題集】
Ｊｒ・ウォッチャー17「言葉の音遊び」、49「しりとり」
60「言葉の音（おん）」

問題12　分野：数量（計数）

観察　集中

〈準備〉　クーピーペン（黒）

〈問題〉　それぞれの段の四角の中に描かれたものの中で、１番数が多いものに○を、１番少ないものに△をつけてください。

〈時間〉　各30秒

〈解答〉　①○：左、△：右　②○：真ん中、△：左　③○：右、△：左
④○：右、△：左

［2019年度出題］

学習のポイント

本問は絵に描かれたものの多少を確認する問題です。数量分野の問題は例年出題されていますが、この問題のような１番多いものと少ないものを選ぶ、という問題だけではなく、いくつかの選択肢から２番目、３番目に多いものや少ないものを問われることもあります。選択肢ごとに数を正確に数えれば、それで終わりというわけではなく、その順位付けが必要なので、「いくつあったか」も記憶しておかないとなりません。もっとも、この問題では10以下の数しか取り扱われていません。小学校受験では基本的には10以下の数しか取り扱っていないので、それほど苦労はしないでしょう。なお、10以下の数については、指折り数えるのではなく、一見して把握できるようにしておくとよいでしょう。こうした問題にスムーズに答えられるようになります。

【おすすめ問題集】

Ｊｒ・ウォッチャー14「数える」、15「比較」

問題13　分野：推理（欠所補完）

考え　知識　観察

〈準備〉　クーピーペン（黒）

〈問題〉　それぞれのものの絵には、足りない部分があります。その足りない部分に○をつけてください。

〈時間〉　各20秒

〈解答〉　下図参照

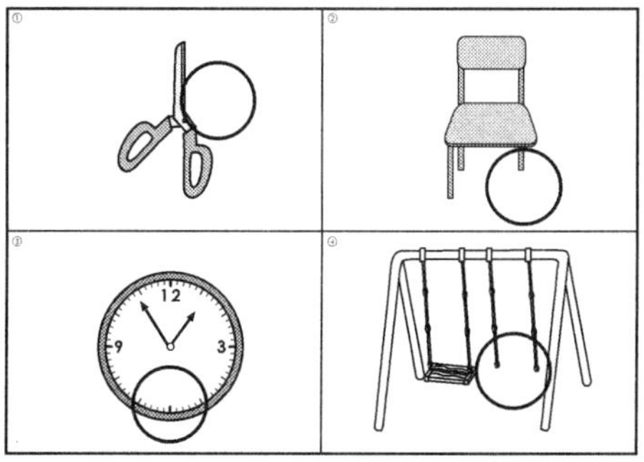

［2019年度出題］

学習のポイント

欠所補完の問題は、当校では頻出しています。本問は完成品から欠けているところを指摘させる問題ですが、過去には欠けているところに合う形（部品・部分）を選択肢から選ばせるパズル形式の出題もありました。本問を見ると、ハサミ、椅子、時計、ブランコの１部分の絵が欠けています。このように問題で扱われているもののほとんどが日常で使うものです。いつも使っているものとの違いを気にしながら観察すると、欠けてる部分が見えてくるでしょう。観察する時は、目の配り方がポイントになります。まず、それが何なのか、全体像を把握してから、細かい部分に目を向けます。流れの中で観察すれば、見落としが減り、欠所に気が付きやすくなるということです。また、この問題で欠所になっているのはそのものの特徴と言える部分です。椅子は何本の足か、ハサミの刃は何枚なのかと説明をさせてみると、欠けているところに気付くでしょう。

【おすすめ問題集】

Ｊｒ・ウォッチャー31「推理思考」、59「欠所補完」

問題14　分野：図形（点つなぎ）

観察　集中

〈準備〉　クーピーペン（黒）

〈問題〉　左側の絵と同じになるように、右側の点をつないでください。

〈時間〉　１分

〈解答〉　省略

［2019年度出題］

学習のポイント

本問は左側に書かれている見本の図形を模写する問題です。当校では図形分野の問題が例年出題されていますが、点を直線でつなぐ問題（点・線図形）はここ数年扱われていませんでした。もちろん、図形分野の問題は頻出なので、さまざまな問題に対応できるような準備をしておくとよいでしょう。本問では、左の図形と同じ位置に図形を書きます。それほど時間に余裕がないので、どこから書けばよいのかと迷って、時間を使ってしまわないように、自分なりの始点をあらかじめ決めておくとよいでしょう。そして、その点から「上から〇番目、左から×番目」と確認して、１つひとつ線を引くことを、繰り返します。同じ作業を繰り返すわけですから、段々と効率も上がり、時間内の作業が可能になってきます。

【おすすめ問題集】

Ｊｒ・ウォッチャー１「点・線図形」、51「運筆①」、52「運筆②」

問題15 分野：図形（同図形探し） 観察 集中

〈準 備〉 クーピーペン（黒）

〈問 題〉 左側にある絵と同じ絵を、右側の絵から選んで○をつけてください。

〈時 間〉 各20秒

〈解 答〉 ①右 ②左 ③右

［2019年度出題］

学習のポイント

本問は見本と同じ絵を探す同図形探しの問題です。本問のポイントは、同じもののどの部分が違っているのかを見つけられるかです。それぞれの形に対して、全体像をつかんでから細かい部分に目を向けるという観察の基本に従って、図形を見る習慣をつけさせてください。そうすれば、どの部分が違っているか見つけられるでしょう。お子さまが細かい部分にも目を配れているかどうかをチェックするには、「それがどうなっているか」を説明させるとよいでしょう。例えば①の場合、お手本の時計の針はどの部分にあるか、選択肢の時計の針はどの部分にあるか、といった感じです。細かい部分に対して、「お手本の時計の短い針は右上のところにあって、長い針は……」と言えれば、違っている部分を見つけることは簡単でしょう。

【おすすめ問題集】
　Ｊｒ・ウォッチャー４「同図形探し」

問題16 分野：図形（積み木） 考え 観察

〈準 備〉 クーピーペン（黒）

〈問 題〉 上の段の絵で、積み木はいくつありますか、その数だけ下の段に○を書いてください。

〈時 間〉 30秒

〈解 答〉 ○：9

［2019年度出題］

家庭学習のコツ③ 効果的な学習方法～お子さまの今の実力を知る

１年分の問題を解き終えた後、「家庭学習ガイド」に掲載されているレーダーチャートを参考に、目標への到達度をはかってみましょう。また、あわせてお子さまの得意・不得意の見きわめも行ってください。苦手な分野の対策にあたっては、お子さまに無理をさせず、理解度に合わせて学習するとよいでしょう。

学習のポイント

重ねられた積み木を数える問題です。積み木の数え方にはさまざまな方法がありますが、1番わかりやすいのは、下から上へ数えていく方法でしょう。例えば本問の場合、積み木は3段になっていて、1番下の段には5つ、真ん中の段には3つ、1番上の段には1つの合計9つの積み木が積まれています。1番下の段に積み木が2列以上並べられている時は、奥に置かれた下の積み木はその上の積み木によって隠されていると考えます。これが理解できていれば問題はありませんが、日常生活で積まれた積み木を見ることは少ないので、難しいかもしれません。実際に、積み木をこの形に積んで、お子さま自身が見る体験をすれば、気付くことができるようになります。さまざまな形に積み上げ、その形はいくつでできているのか数えてみましょう。そのたびに知識が増えていきます。

【おすすめ問題集】

Ｊｒ・ウォッチャー14「数える」

問題17　分野：行動観察

協調

〈準　備〉　紙コップ（約20個程度）

〈問　題〉　この問題は絵を参考にしてください。
　　　　　4人程度のグループになって、協力して、コップをより高く積みましょう。

〈時　間〉　適宜

〈解　答〉　省略

［2019年度出題］

学習のポイント

当校の行動観察は、毎年課題が変わっているので、事前に対策をとるのは難しいでしょう。しかし、どの課題でも共通して、元気に主体的に取り組む（積極性、素直さ）、お友だちとコミュニケーションを取って共同作業を行う（社会性）といった行動はよい評価につながります。実際に、どれだけ高くコップを積んだか、ということが評価されているわけではありません。ほかのお友だちと、どのように課題に取り組んでいるのかが観られています。なお、積極性と言うと、大きな声を出してほかの志願者に指示をするといった押しつけがましい態度と勘違いしている志願者がたまにいますが、ここで観られているのはそういったものではありません。自らの意見を言うが、ほかのお友だちの意見も聞くというコミュニケーションをしながら目標を達成しようとする姿勢のことを言うのです。

【おすすめ問題集】

Ｊｒ・ウォッチャー29「行動観察」

問題18　分野：お話の記憶

集中　聞く　語彙

〈準備〉　クーピーペン（12色）

〈問題〉　お話を聞いて、問題に答えてください。

カニさんが、おにぎりを持って歩いていると、サルくんが「カキの種と交換しよう」と言いました。「カキの種を植えれば、カキの実がたくさんなって、お腹いっぱい食べられるよ」とサルくんが言うので、カニさんはなるほどと思い、おにぎりと種を交換しました。カニさんはさっそく種を植えて、「早く芽を出せカキの種、出さなきゃハサミでちょん切るぞ」と歌いました。カキの種はびっくりして、急いで大きな木になると、次の日にはたくさんの実をつけました。そこへ通りがかったサルくんが「カニさんは木に登れないから、僕が取ってあげるよ」と言って、カキの木に登りました。カニさんが待っていると、サルくんは真っ赤なカキを採って食べてしまいました。「わたしにもカキをちょうだい」とカニさんがお願いすると、「わかったよ。ほら」と言って、青くて硬いカキをカニさんに投げました。青いカキが当たって、カニさんは「痛い」と悲鳴を上げました。すると、「意地悪する子は許さないぞ」と言いながら、ハチさんとクリさんが現れました。ハチさんが針でサルくんのおしりをちくりと刺すと、サルくんは「痛い」と言って、木から落ちてしまいました。落ちたところに、トゲのついたクリさんが待ち受けていました。トゲがサルくんのおしりに刺さり、サルくんは「痛い」と言って泣きました。「もう意地悪しないから許して」とサルくんが言うと、カニさんが「もう許してあげてよ」と２人に頼みました。「カニさん、ごめんね」とサルくんは謝って、ヨタヨタと木に登ると、赤いカキを４つ、採ってきました。カニさんと、ハチさんと、クリさんと、サルくんの４人分です。その後、みんなで仲良く、おいしいカキを食べて仲直りをしました。

①お話に出てきた生きものに○をつけてください。
②みんなで食べたカキは何色でしたか。その色で塗ってください。

お話を聞いて、問題に答えてください。

家で、お母さんに本を読んでもらっていると、お客さんが来ました。お母さんはお客さんをお部屋に案内し、お盆に載せてお水とケーキを運びました。
また、今日は少し暑かったので、お母さんは窓を開けて扇風機をつけました。
お客さんは、お母さんと楽しくお話して、夕方帰りました。

③お母さんが運んだものに○をつけてください。

〈時間〉　各20秒

〈解答〉　①真ん中（カニ）、右端（サル）　②カキを赤く塗る　③ケーキ、お水

［2018年度出題］

学習のポイント

当校ではあまり出題例のない、お話の記憶の問題です。①②では「さるかに合戦」のストーリーが短くまとめられていますが、このように昔話のストーリー自体が出題されることは小学校入試では珍しいケースと考えてよいでしょう。昔話は常識分野で取り扱われることが多く、あらすじや登場人物は、年齢相応の知識として覚えておきましょう。内容は基本的なものがほとんどですから、ストーリーを丸暗記する必要はもちろんなく、どのような形でもよいので、お話を一度聞いて、漠然とでも内容を理解する程度で充分です。また、昔話はその本によって少しずつ細部や結末が異なっていますが、それほど気にすることはありません。「教育的配慮」で元のお話と完全に違ってしまっている場合は別ですが、読み聞かせの１つに組み込んでみてください。ところで、③も含め、本問は記憶の問題としては難しいものではありません。お話の場面を想像しながら、「誰が」「何を」「どうした」といった点を整理しながら聞けば、それほど混乱することもないでしょう。それでも難しいとお子さまが感じているようなら、情報を整理するためにお話の途中で質問してみてください。これを繰り返すうちにお話のポイントが自然と押さえられるようになってきます。

【おすすめ問題集】
１話５分の読み聞かせお話集①②、Ｊｒ・ウォッチャー19「お話の記憶」、
お話の記憶 初級編・中級編

問題19　分野：数量（比較）

考え　観察

〈準 備〉　クーピーペン（黒）

〈問 題〉　①２番目に多いものに○をつけてください。
②２番目に少ないものに○をつけてください。
③数が多い方に○をつけてください。
④数が少ない方に○をつけてください。

〈時 間〉　各20秒

〈解 答〉　①右　②右から２番目　③左　④右

［2018年度出題］

学習のポイント

数の比較の問題です。次の問題も同様ですが、数量分野の問題は本校の入試で例年出題されています。正確に解答できるよう、類題に数多く取り組むなどの対策をしておいた方がよいでしょう。本問のような「どちらが多い・少ない」を比べるには、数字と、実際のものの数を結びつけて理解しておく必要があります。「1、2、3…」と数字の名前を唱えられるだけでなく、「～個は～個よりも～個多い」という「数の概念」を合わせて理解できるようにしておきましょう。実際に、イラストの上におはじきなどの具体物を「1つ、2つ」と言葉にしながら置いたり、そこから「～個取ると何個になりますか」などと質問しながら取り除くなどの練習をすることで、具体物の数え方や、増やしたり減らしたりといった数の操作を学習していきましょう。なお、細かい点ですが、例えば、絵に多少があったとき「2番目に多い」という指示を、早合点して1番多いものと解釈しないように、問題は最後まで聞いてから取りかかるよう習慣付けていきましょう。

【おすすめ問題集】

Ｊｒ・ウォッチャー14「数える」、15「比較」、58「比較②」

問題20　分野：数量（計数）

考え　観察

〈準備〉　クーピーペン（12色）

〈問題〉　①真ん中の○を赤で塗ってください。
②右から２番目の△を青で塗ってください。
③左下の四角の積み木を、すべて合わせると何個になりますか。その数だけ、下の四角に、黒で○を書いてください。
④右下の四角の積み木を、すべて合わせると何個になりますか。その数だけ、下の四角に、黒で○を書いてください。

〈時間〉　各30秒

〈解答〉　下図参照

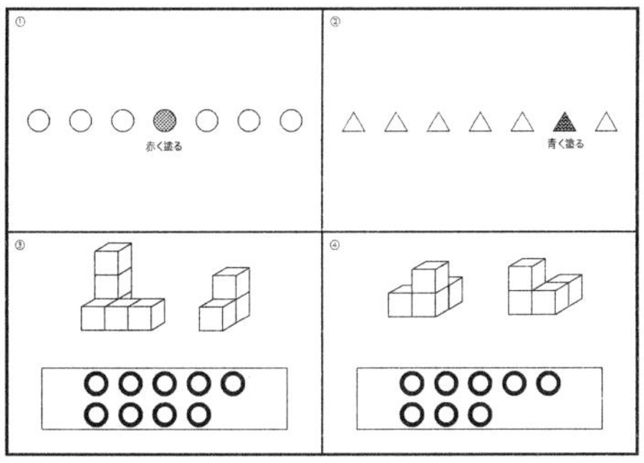

[2018年度出題]

学習のポイント

計数の問題です。前述のとおり、数量分野の問題は本校の入試で例年出題されています。小学校入試では、10以上の大きな数のものが出題されることはほとんどありません。本問でも10以上の数は出題されていませんが、複数のものを数える問題がありますから、確実に、速く数えることができる方が有利なのは間違いないでしょう。①は、横１列に並んだ記号の真ん中はどれかを答えさせる問題です。なお、当たり前の話ですが、「真ん中」は、記号の数が奇数の場合に、どちらの端から数えても同じ数（距離）にあります。③④は組み合わせた積み木を数える問題です。積み木のような立体を数える場合、積み木の陰に隠れてしまっているものや、積み重ねられたものの１番下にある積み木など、数え忘れやすく注意が必要です。こうした立体を扱う問題が苦手であれば、実際に見本の形に積み木や箱を積み上げ、さまざまな方向から見たり、積み重ねられている列をずらして、隠れた積み木がどのように隠れているかを１度見ておきましょう。

【おすすめ問題集】

Ｊｒ・ウォッチャー14「数える」、16「積み木」

53「四方からの観察　積み木 編」

ノートルダム清心女子大学附属小学校　専用注文書

年　　月　　日

合格のための問題集ベスト・セレクション

＊入試頻出分野ベスト３

1st　図　形

集中力　思考力　観察力

2nd　数　量

集中力　聞く力

3rd　言　語

聞く力　思考力　知　識

当校の問題は、あらゆる分野から幅広く出題されます。出題される形式はあまり変化が見られないので、過去問題を何度もこなし、当校の対策をしていきましょう。

分野	書　名	価格(税抜)	注文	分野	書　名	価格(税抜)	注文
図形	Ｊｒ・ウォッチャー 1「点・線図形」	1,500 円	冊	巧緻性	Ｊｒ・ウォッチャー 51「運筆①」	1,500 円	冊
図形	Ｊｒ・ウォッチャー 4「同図形探し」	1,500 円	冊	巧緻性	Ｊｒ・ウォッチャー 52「運筆②」	1,500 円	冊
数量	Ｊｒ・ウォッチャー 14「数える」	1,500 円	冊	図形	Ｊｒ・ウォッチャー 53「四方からの観察　積み木編」	1,500 円	冊
推理	Ｊｒ・ウォッチャー 15「比較」	1,500 円	冊	推理	Ｊｒ・ウォッチャー 58「比較②」	1,500 円	冊
言語	Ｊｒ・ウォッチャー 17「言葉の音遊び」	1,500 円	冊	推理	Ｊｒ・ウォッチャー 59「欠所補完」	1,500 円	冊
記憶	Ｊｒ・ウォッチャー 19「お話の記憶」	1,500 円	冊		新ノンペーパーテスト問題集	2,600 円	冊
記憶	Ｊｒ・ウォッチャー 20「見る記憶・聴く記憶」	1,500 円	冊		1 話 5 分の読み聞かせお話集①②	1,800 円	各　冊
巧緻性	Ｊｒ・ウォッチャー 23「切る・貼る・塗る」	1,500 円	冊		お話の記憶 初級編	2,600 円	冊
運動	Ｊｒ・ウォッチャー 28「運動」	1,500 円	冊		お話の記憶 中級編・上級編	2,000 円	各　冊
観察	Ｊｒ・ウォッチャー 29「行動観察」	1,500 円	冊		保護者のための入試面接最強マニュアル	2,000 円	冊
推理	Ｊｒ・ウォッチャー 31「推理思考」	1,500 円	冊		小学校受験で知っておくべき 125 のこと	2,600 円	冊
常識	Ｊｒ・ウォッチャー 34「季節」	1,500 円	冊		新 小学校受験の入試面接Ｑ＆Ａ	2,600 円	冊
図形	Ｊｒ・ウォッチャー 35「重ね図形」	1,500 円	冊		保護者の悩みＱ＆Ａ	2,600 円	冊
言語	Ｊｒ・ウォッチャー 49「しりとり」	1,500 円	冊		小学校受験入門　願書の書き方から面接まで	2,500 円	冊

合計	冊	円

（フリガナ） 氏　名	電　話 ＦＡＸ E-mail
住　所　〒　　　　－	以前にご注文されたことはございますか。 有　・　無

★お近くの書店、または記載の電話・FAX・ホームページにてご注文をお受けしております。
電話：03-5261-8951　FAX：03-5261-8953　代金は書籍合計金額＋送料がかかります。
※なお、落丁・乱丁以外の理由による商品の返品・交換には応じかねます。

★ご記入頂いた個人に関する情報は、当社にて厳重に管理致します。なお、ご購入の商品発送の他に、当社発行の書籍案内、書籍に関する調査に使用させて頂く場合がございますので、予めご了承ください。

日本学習図書株式会社
http://www.nichigaku.jp

〈朝日塾小学校〉

※問題を始める前に、本文の「家庭学習ガイド」「本書ご使用方法」「ご使用にあたっての注意点」をご覧ください。

2020年度の最新問題

問題21　分野：お話の記憶

集中　聞く

〈準　備〉　クーピーペン（12色）

〈問　題〉　お話を聞いて、後の質問に答えてください。
こうじ君は鉄棒が得意で、みのりちゃんはなわとびが得意です。２人はいっしょに公園で遊ぶのを楽しみにしていました。みのりちゃんは今日、こうじ君と公園で遊ぶ約束をしていたので、とても楽しみにしていましたが、雨が降って行けなくなってしまいました。みのりちゃんはがっかりして泣いてしまいました。お母さんがみのりちゃんの近くに来て、こうじ君の家までクッキーを作って届けに行きましょう」と言いました。みのりちゃんは一生懸命クッキーを作りました。星形、丸、ハート形のクッキーを合計６枚作って、それを箱に詰めました。みのりちゃんはクッキーといっしょに手紙を書くことにしました。「今度晴れたら、公園に行こうね」と書いた手紙をピンク色の封筒に入れて、こうじ君へ持っていきました。こうじ君はその手紙とクッキーをもらうと大変喜び、「ありがとう、公園に行くの約束だよ」と言いました。

①みのりちゃんが得意なものに○をつけてください。
②作っていないクッキーの形を黄色のクーピーペンで×をつけてください。
③作ったクッキーの数だけ○を書いてください。
④みのりちゃんが手紙を入れた封筒の色で丸を塗ってください。

〈時　間〉　各15秒

〈解　答〉　①なわとび　②×（黄色）：左端　③○：６　④ピンク色で塗る

［2020年度出題］

学習のポイント

お話はそれほど長くないものの、質問が４問あり、解答方法に指示（色を変える、色を塗る）があるなど、やるべきことが多い問題です。ただ、こうした出題のパターンには変化がないので、過去問を中心に取り組んで慣れておきましょう。基本的にはお話に出てくる内容が問われていますが、例年、「〇〇しないものはどれでしょう」という問題があるので、気を付けましょう。とは言っても、消去法で考えていけば正解できるので、それほど難しく考える必要はありません。読み聞かせを中心にした学習で充分に対応できる問題です。まずは、「聞く」ことを第一に考え、慣れてきたら問題に取り組むという形で進めていきましょう。

【おすすめ問題集】

１話５分の読み聞かせお話集①②、お話の記憶 初級編・中級編、

Ｊｒ・ウォッチャー19「お話の記憶」

問題22 分野：図形（系列）

集中 観察

〈準 備〉 クーピーペン（黒）

〈問 題〉 上の段を見てください。四角の中の記号はあるお約束通り増えています。このお約束通りに増えるならば、右から２番目の四角の中の記号はどうなっていますか。正しいものに○をつけてください。

〈時 間〉 各30秒

〈解 答〉 右下

［2020年度出題］

学習のポイント

この問題は、記号がどのように並んでいるのか、お約束を見つける「系列」の問題です。この分野のほとんどは記号が一列に並んでいるものですが、この問題はそれらと違って、記号がマス目にあるのでどのように並んでいるのか見つけにくく、お子さまは難しく思うかもしれません。この形式の「系列」の問題を練習するならば、記号の移動を指でたどるのも１つの方法です。この方法で繰り返し学習をしていけば、だんだんと記号がどのように動いていくか、予測できるようになります。ある程度、慣れてきたら指を使わずに見て確認できるようにしましょう。指を使うことに慣れてしまうと、考えることよりも指に頼って答えを出そうとしてしまいます。それでは小学校入学後に活かせることができません。入学のための学習ではなく、入学後にも活かせる学習をさせる、ということを念頭に保護者の方は指導にあたってください。

【おすすめ問題集】

Ｊｒ・ウォッチャー６「系列」

問題23　分野：常識（季節、知識）　知識

〈準備〉　クーピーペン（黒）

〈問題〉　この問題の絵は縦に使用してください。
①冬に関係のあるものに○を、楽器に△をつけてください。
②関係のあるもの同士を線で結んでください。

〈時間〉　1分

〈解答〉　下図参照

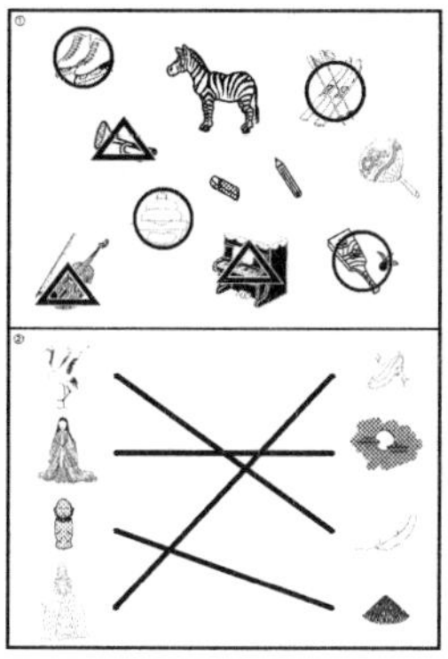

［2020年度出題］

学習のポイント

当校ではよく出題される、常識分野の問題です。ここで出題されているジャンルは季節、楽器、童話・童謡と幅広くなっています。ですからどのジャンルが出てきても解けるように対策をとっていきましょう。絵を見ると、身近なものばかりが出題されていることがわかります。これはそれらをお子さまが生活の中で触れているか、ということを観ているということです。例えば、①の鏡餅を正月に飾っているお家とそうでないお家だと、この問題の難しさは変わってきます。②の問題も同様です。ですから、保護者の方はお子さまにさまざまな経験をさせるように努めましょう。

【おすすめ問題集】
　Ｊｒ・ウォッチャー11「いろいろな仲間」、12「日常生活」、
　18「いろいろな言葉」、34「季節」

問題24　分野：言語（しりとり）

集中　語彙

〈準備〉　クーピーペン（黒）

〈問題〉　**この問題の絵は縦に使用してください。**
左上の「サイ」から、右下の「ラッコ」まで、しりとりになるように線でつないでください。ただし、斜めには進めません。

〈時間〉　２分

〈解答〉　下図参照

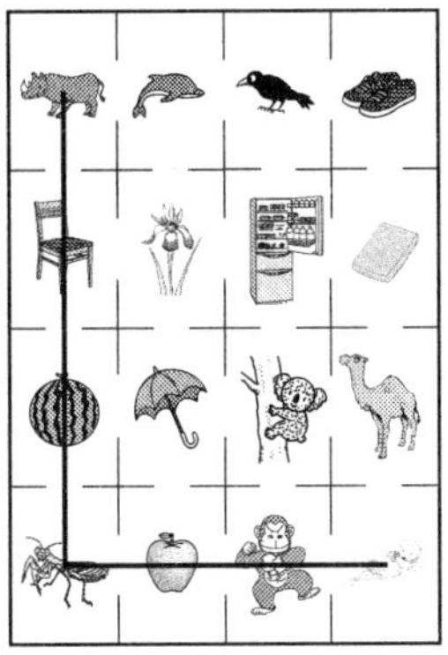

［2020年度出題］

学習のポイント

しりとりの問題は毎年出題され、形式も同じです。イラストが何を表しているかがわかり、正確な名称で発音できれば特に困ることはありません。間違えたり、戸惑ったりするようなら、原因を考えてみましょう。単に語彙が足りない場合はしりとりなどの言葉遊びをし、イラストが何を表しているかがわからない場合は、「言葉カード」などの知育玩具や、同じような類題を数多く解いてください。入試で困ることはなくなるはずです。また、こうした問題に答えるためというだけでなく、お子さまにさまざまな体験、経験をさせることと語彙の発達は大きなつながりがあります。例えば、料理のお手伝いをすれば、包丁やまな板といった調理用品や食材の名前を覚える機会が生まれます。掃除をすれば掃除道具の名前や家の前の道路に落ちている落ち葉の名前を覚えることもできます。それは必ず試験に出るということではありませんが、言葉を知るということがそういった体験の積み重ねであることを保護者の方は知っておいてください。

【おすすめ問題集】
Ｊｒ・ウォッチャー49「しりとり」

問題25　分野：数量（比較）

観察　考え

〈準 備〉　クーピーペン（黒）

〈問 題〉　それぞれのコップの水に角砂糖を入れると、どのコップの水が１番甘くなりますか。○をつけてください。

〈時 間〉　30秒

〈解 答〉　真ん中

［2020年度出題］

学習のポイント

この問題は「角砂糖を入れたら、どのコップの水が１番甘くなるか」という比較の問題です。小学校受験の問題なので、数式を使うことはできません。ですから感覚として、「どのコップの水が１番甘いか」答えられなければいけません。その感覚を養っていくには、やはり経験が必要です。この問題と同じ様に複数のコップを用意し、角砂糖を入れて、どれが１番甘いか、実験をしてみましょう。水を一定の量にし、砂糖の個数を変えたり、水の量をバラバラにして、砂糖の個数を同じにしたり、とさまざまな実験を行っていきましょう。そうすれば、「水や砂糖の量を見て、これぐらいの甘さになるな」というような感覚が養っていきます。

【おすすめ問題集】

Ｊｒ・ウォッチャー15「比較」、58「比較②」

問題26　分野：数量（計数）

観察　考え

〈準 備〉　クーピーペン（黒）

〈問 題〉　①魚は合計で何匹いるでしょうか。その数だけ○を書いてください。
②絵を見てください。カメがいます。このあとカメが２匹やってきて、３匹どこかへ行ってしまいました。今、カメは何匹いるでしょうか。その数だけ○を書いてください。
③カニと魚を合わせると何匹いるでしょうか。その数だけ○を書いてください。

〈時 間〉　１分

〈解 答〉　①○：６　②○：３　③○：８

［2020年度出題］

学習のポイント

本問は四角に描かれているものをかぞえる問題です。過去にも何度か出題されていて、今後も出題されるかもしれませんので、対策をとっておくとよいでしょう。この問題では海の生きものがランダムに配置されています。数え間違いを未然に防ぐために、かぞえる方向を一定にしたり（左から右へ、上から下へ）、かぞえた後に見直しをするなどの工夫をしましょう。②は、絵の状況が変化する（カメが２匹来て、３匹どこかへ行く）問題です。単純な計数だけでなく、こうした問題が出ていることで、当校の入試が指示の理解を観点の１つにしていることがうかがえます。

【おすすめ問題集】

Ｊｒ・ウォッチャー14「数える」、37「選んで数える」

問題27　分野：図形（点・線図形）

集中　観察

〈準備〉　クーピーペン（黒）

〈問題〉　左の四角の絵と同じになるように、右の四角の点をつないでください。

〈時間〉　各30秒

〈解答〉　省略

［2020年度出題］

学習のポイント

それほど複雑でもない図形を書き写すだけの、いわば「作業」に近い問題です。観点は①正確に書き写しているか　②（年齢なりに）ていねいに作業をしているか　という２点でしょう。①に関しては、その線の始点と終点を正確に把握していれば間違うことはありません。その把握だけはしっかりと行ってください。②は言い換えれば、筆記用具が正しく使えているかをチェックしているということです。少々線が歪んでいても気にすることはありませんが、正しく握っていないと筆圧が強くなって線が太くなったり、滑らかに線が引けなくなります。「あまりにもひどい」といった結果になっていた場合は、保護者の方が、運筆の指導をしてください。

【おすすめ問題集】

Ｊｒ・ウォッチャー１「点・線図形」、51「運筆①」、52「運筆②」

問題28　分野：常識（生活常識）

考え　知識

〈準備〉　クーピーペン（黒）

〈問題〉　男の子が転んで泣いています。下の選択肢の中からあなたが次にとる行動を選んで○をつけてください。

〈時間〉　1分

〈解答〉　どれでも○

［2020年度出題］

学習のポイント

解答にどれでもよいと書きましたが、評価の順は「先生に言う」「救急箱」「ティッシュ」「お友だちに言う」でしょうか。ただし、ケガの程度によっても、状況によっても変わる話なので、一概にどれが正解とはなかなか言いにくい問題です。ここでは「知らないふりをする」といったあきらかに間違いの選択肢はないので、「いままで同じような状況でどのような判断をしてきたか」「どのように教えられてきたか」ということを知るための問題と考えましょう。お子さまの判断が保護者の方の判断と違った時には、その理由を聞いてください。お子さまの理由が納得いくものであればそのままでよいでしょうし、間違っていると感じたら修正すればよいでしょう。

【おすすめ問題集】

Ｊｒ・ウォッチャー29「行動観察」、30「生活習慣」

問題29　分野：制作

考え　創造

〈準備〉　クーピーペン（12色）

〈問題〉　（問題29の絵を渡す）
①ロケットを３色以上で塗ってください。
②塗り終えたら、周りに星など好きな絵を描いてください。

〈時間〉　適宜

〈解答〉　省略

［2020年度出題］

学習のポイント

制作の問題の観点は指示の理解とその実行です。作品の出来の良し悪しは二の次ですから、保護者の方もその認識を持つようにしてください。ここではそれほど複雑な指示もありません。「（３色の）好きな色で塗ってよい」、「星などの絵を周りに描く」といった自由度の高い指示が出されていますが、指示を守らなかったり、指示以外のことをしていればよい評価は得られません。制作など、ノンペーパーの課題は大きな意味では「行動観察」の課題なのです。年齢相応の「指示を聞いて理解し、実行する」「コミュニケーションがとれる」「協調性がある」といったお子さまの能力を測っているのだということを理解して、お子さまの指導に当たってください。

【おすすめ問題集】

Ｊｒ・ウォッチャー29「行動観察」、30「生活習慣」

問題30　分野：行動観察　聞く

〈準備〉　平均台

〈問題〉　**この問題の絵はありません。**

ドンジャンケン（２チーム対抗で行う）

- 平均台の両側から、各チーム１人ずつスタート。
- ぶつかったところでジャンケン。
- 負けた人は平均台を降りる。同時に負けたチームの次の人がスタート。平均台を降りた人は自分のチームの列に戻って１番後ろに並ぶ。
- 勝った人はそのまま進む。
- 平均台から落ちたら、落ちたチームの次の人がスタート。
- 落ちた人は自分のチームの列に戻って１番後ろに並ぶ。
- 先に相手の陣地に着いたチームの勝ち。

〈時間〉　適宜

〈解答〉　省略

［2020年度出題］

学習のポイント

このように、グループで行う活動は、行動力や協調性などお子さまの性格を観察するのに適しています。まずは先生の指示をしっかりと聞き、課題に取り組んでください。指示の内容を理解しているか、約束を守っているか、積極的に行動しているか、お友だちと協力しあっているか、お友だちの邪魔をしないかなど、評価のポイントはさまざまです。日頃から、家族とのコミュニケーションやお友だちとの遊びを通し、集団の中でのマナーやルールを自然に身に付けながら、人を尊重し協力しあうことを学んでいきましょう。なお、先生が説明をしている時や、順番を待っている時の態度や姿勢も評価されます。

【おすすめ問題集】

Ｊｒ・ウォッチャー29「行動観察」

2019年度以前の過去問題

問題31　分野：お話の記憶

聞く　集中

〈準備〉　クーピーペン（12色）

〈問題〉　お話を聞いて、後の質問に答えてください。
「お母さんが作る料理はいつもおいしいな」とお父さんダンゴムシが言いました。子どもダンゴムシが「どんぐりジュースはお母さんが作ったの？」と聞くと、お母さんダンゴムシはうなずきました。「どんぐりジュースと四つ葉のクローバーが入ったサラダとタンポポのデザートも作ったのよ」と、お父さんダンゴムシと子どもに言いました。あまりにタンポポのデザートがおいしかったので、お父さんダンゴムシは近所の人に配ることにしました。「タンポポのデザートを包む黄色い葉っぱを採ってきて。白い葉っぱは毒だから採らないように注意しなさい」とお父さんは子どもに言いました。子どもはさっそく山に黄色い葉っぱを採りに行きました。しばらくして黄色い葉っぱを7枚採って戻ってくると、お父さんは近所の人へデザートを配りに行きました。外へ出るとデザートを狙ってカラスが追いかけてきました。お父さんは危ないと思い、とっさに身を守るために体を丸くしました。カラスは2回お父さんを突きましたが、お父さんは硬く丸まっていたのでビクともしません。カラスはあきらめて飛んでいってしまいました。その後、お父さんはなんとか近所にデザートを配り終えて、無事家に帰りました。

①毒の葉っぱの色を塗ってください。
②子どもダンゴムシが持ってきた葉っぱは何枚だったでしょうか。その数だけ四角の中に○を書いてください。
③お父さん、お母さん、子どもが食べなかったものに○をつけてください。
④お父さんを突いた鳥はどれでしょうか。選んで○をつけてください。

〈時間〉　各15秒

〈解答〉　①白色で塗る　②○：7　③右端（ツクシ）　④左端（カラス）

［2019年度出題］

学習のポイント

当校の出題傾向として、本問のようなお話の記憶の問題は必ず出題されます。お話の長さは例年500字程度と、それほど長くありません。登場人物は本問のように擬人化された生きものがよく出てきます。登場人数は、多い場合は6人、少ない場合は2人と、年度ではばらつきがあるようですが、3問以上の質問があり、問題に当てはまるものや、お話に出てこなかったものに○をつけるという出題という形式は例年のパターンとなっているようです。解答も色を塗る、○をつける、○を～の数だけ書くといったバラエティに富んだ指示があります。こうした出題に対応できるように、お話の細かな描写、つまり、登場したものの数や色などについては注意しておく必要があるでしょう。なお、細かな描写を覚えるには言葉で覚えようとするのではなく、その場面をイメージしながら聞いたほうが覚えやすいかもしれません。お話の途中で質問したりして、情報を整理しながら、聞いていくと、これを繰り返すうちにお話のポイントが自然と押さえられるようになってきます。

【おすすめ問題集】
1話5分の読み聞かせお話集①②、お話の記憶 初級編・中級編、
Ｊｒ・ウォッチャー19「お話の記憶」

問題32　分野：常識（仲間探し）　知識

〈準 備〉　クーピーペン（黒）

〈問 題〉　楽器に○をつけてください。

〈時 間〉　１分

〈解 答〉　下図参照

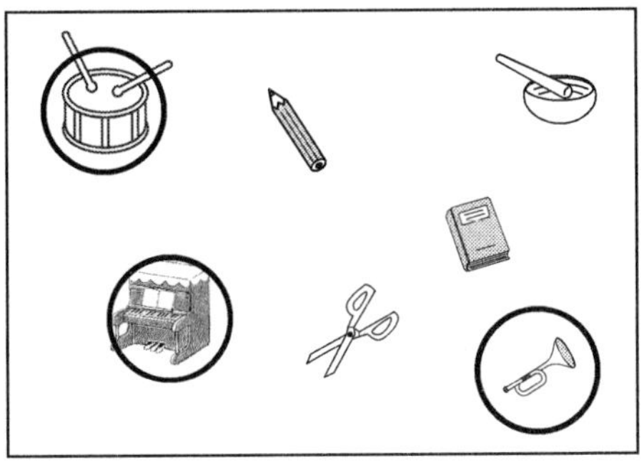

［2019年度出題］

学習のポイント

さまざまなものの中から楽器を選ぶ問題です。当校の入試では、ほぼ毎年こういった常識分野で「～に○をつける」という問題が出題されています。乗りものや、昔話、季節、動物、マナーと一口に常識と言ってもさまざまなテーマから出題されているので、どのテーマでも解答できるように準備をしておきましょう。お子さまが「知らないこと」が出題されると、答えることができないというのがこの分野の特徴です。例えば、絵の右上の「すり鉢」は何に使うのかわからないお子さまが多いのではないでしょうか。１度でも使った経験、もしくは使っている様子を見たことがあれば何をするための道具はわかるでしょうが、その経験がなければ形や材質から何をする道具を推測するのは無理です。わかるようにするためには、やはり知識を身に付けるしかありません。直接の体験でなくても構いません。ウェブやメディアで映像を見る、図鑑や写真を見るといった間接的な体験を含めて、とにかく「機会を作る」という意識を保護者の方は持つようにしてください。

【おすすめ問題集】

　Ｊｒ・ウォッチャー11「いろいろな仲間」、18「いろいろな言葉」

問題33　分野：常識（季節）

知識

〈準　備〉　クーピーペン（黒）

〈問　題〉　夏に関係のあるものに○をつけてください。

〈時　間〉　1分

〈解　答〉　下図参照

［2019年度出題］

学習のポイント

本問は絵に描いてあるものの季節がテーマの常識分野の問題です。季節の問題で注意しておくべきことは、小学校入試における季節が、春は3～5月、夏は6～8月、秋は9～11月、冬は12～2月と決まっているということです。保護者の方は、そうした分け方になっていることを理解して、お子さまを指導してください。本問では夏に関係あるものが問われているので、スイカ、水着、かき氷が正解になります。ひなまつりやクリスマス、ハロウィンのように日付が決まっているものは「何月何日の行事だね」と教えることができますが、水着を着たり、ツクシが出たりについては、何月何日という明確な日はありません。本問のような類題を解いたり、写真や画像を見たりして、知識を得るのもいいですが、なるべく「体験する」ことで知識を身に付けるようにしてください。行事などは特にそうですが、「～というものだ」と言われてもお子さまにはなかなか実感が湧きませんから、当然知識にもなりにくいでしょう。

【おすすめ問題集】

Ｊｒ・ウォッチャー11「いろいろな仲間」、12「日常生活」、18「いろいろな言葉」、34「季節」

問題34　分野：言語（しりとり）

集中　語彙

〈準備〉　クーピーペン（黒）

〈問題〉　**この問題の絵は縦に使用してください。**
左上の「ハト」から、右下の「イエ」まで、しりとりになるように線でつないでください。ただし、斜めには進めません。

〈時間〉　2分

〈解答〉　下図参照

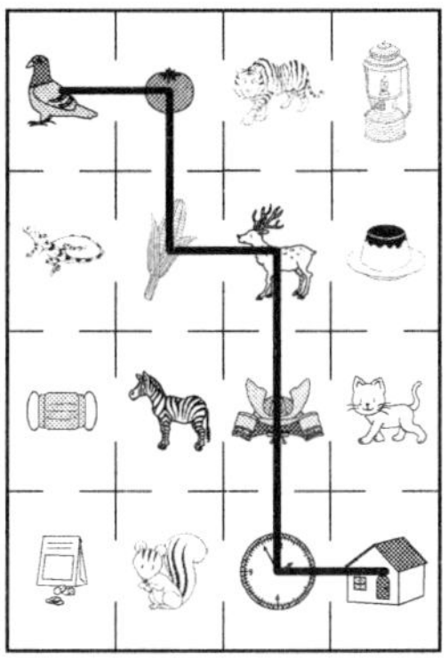

［2019年度出題］

学習のポイント

本問のような、しりとりの問題は過去5年間毎年出題されています。左上の言葉から始まり、右下の言葉で終わるしりとりをするこの形式に変更はありません。日頃の学習では、机に向かって勉強というよりも、しりとりなどの言葉遊びをしながら、お子さまの言語能力を高め、語彙を豊かにしてください。その際に一般的な名前を使わなかったり、赤ちゃん言葉を使うようであれば、正しい言葉を使うように修正していきましょう。違う名前で覚えてしまうと、イラストの絵が何かわかっても、しりとりがつながりません。問題で問われるのは日常によく使われる言葉です。「家の中のものでしりとり」や「家の中で名前が3音のものを集める」という遊びをしてみましょう。遊びですが、試験に出てくる言葉を学べるという意味では、意外と実践的な練習になります。

【おすすめ問題集】
Ｊｒ・ウォッチャー49「しりとり」

問題35　分野：数量（比較）

観察　考え

〈準備〉　クーピーペン（黒）

〈問題〉　この問題の絵は縦に使用してください。
それぞれの四角の中で１番長い線に○をつけてください。

〈時間〉　各30秒

〈解答〉　下図参照

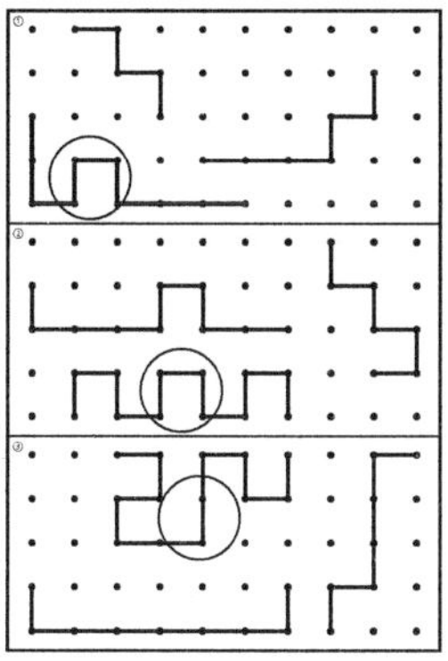

［2019年度出題］

学習のポイント

本問はどの線が１番長いかを選ぶ、比較の問題です。長さの比較の問題は、当校では過去に出題例がありませんが、新たな出題傾向の１つとして、日頃の学習でも対策をした方がよいかもしれません。本問は、１つひとつの線の長さが比較しにくいので、一見難しく感じるかもしれませんが、点が等間隔で書かれているので、線の数を数えれば、「３本と５本」といった形で比較ができます。これがランダムに線が書かれていれば、一見しただけでは判断するのが難しいでしょう。２本のひもの長さを比べる時、ほとんどの人はひもの端を持って下に垂らして長さを比べると思います。この動作（処理）を頭の中でやるというのだからお子さまには難しいのです。小学校入試の段階では理屈ではなく、感覚的にわかればよいということになっていますからさほど理屈にこだわらず、たくさん経験することで理解につなげましょう。

【おすすめ問題集】
Ｊｒ・ウォッチャー15「比較」、58「比較②」

問題36　分野：数量（計数）

観察　考え

〈準備〉　クーピーペン（黒）

〈問題〉　①左上の四角を見てください。チョウは何匹いるでしょうか。下の四角にその数だけ○を書いてください。
②右上の四角を見てください。チョウとバッタはあわせて何匹いるでしょうか。下の四角にその数だけ○を書いてください。
③左下の四角を見てください。チョウとバッタはあわせて何匹いるでしょうか。下の四角にその数だけ○を書いてください。
④右下の四角を見てください。チョウとバッタを、あわせると８匹います。チョウが３匹逃げました。残りは何匹いるでしょうか。下の四角にその数だけ○を書いてください。

〈時間〉　１分

〈解答〉　①○：７　②○：７　③○：６　④○：５

［2019年度出題］

学習のポイント

本問は四角に描かれているものを数える問題です。過去にも何度か出題されていて、今後も出題されるかもしれませんので、対策をとっておくとよいでしょう。この問題ではチョウやバッタがランダムに配置されています。数え間違いを未然に防ぐために、数える方向を一定にしたり（左から右へ、上から下へ）、数えた後に見直しをするなどの工夫をしましょう。④は、絵の状況が変化する（チョウが３匹逃げました）問題です。単純な計数だけでなく、こうした問題が出ていることで、当校の入試が指示の理解を観点の１つにしていることがうかがえます。

【おすすめ問題集】
Ｊｒ・ウォッチャー14「数える」、37「選んで数える」

問題37　分野：図形（点・線図形）

集中　観察

〈準備〉　クーピーペン（黒）

〈問題〉　左の四角の絵と同じになるように、右の四角の点をつないでください。

〈時間〉　各30秒

〈解答〉　省略

［2019年度出題］

学習のポイント

本問は左の四角の線を、右の四角に書き写す問題です。言わば「作業」の問題です。こうしたものの対処は「まず書き始める」ことです。慎重な性格なのはよいことですが、時間がなくなって慌てて書いてはよい結果が出ません。そうならないように、書き始める点をあらかじめ決めておきましょう。そうすれば「上（下）から何番目」「左（右）から何番目」と数えると位置も正確に把握できます。また、線を一気に終わりまで引くのではなく、曲がる箇所で一度、次はどこまで引くのかと確認していけば、正確に線を引くことができ、見た目のよい出来栄えになるでしょう。本問のような線を引く問題は、使う筆記用具によっても難しさが違ってきます。クーピーペンだと線が太くて引きづらいとお子さまが感じるようであれば、最初は鉛筆など細い線を引ける道具を使って、慣れていくとよいでしょう。

【おすすめ問題集】

Ｊｒ・ウォッチャー１「点・線図形」、51「運筆①」、52「運筆②」

問題38　分野：常識（生活常識）

考え　知識

〈準備〉　クーピーペン（黒）

〈問題〉　ワカメちゃんが花びんを落としてしまいました。お片付けをするために使うものはどれでしょうか。選んで○をつけてください。

〈時間〉　１分

〈解答〉　右端（ほうきとちりとり）
※そのほかの解答をした場合、納得のいく説明ができれば正解としてください。

［2019年度出題］

学習のポイント

１度もビンやガラスを割ったことがないお子さまも、中にはいるかもしれません。実際に割ったことがあるお子さまはご存知でしょうが、割れたら、破片が散らばって周りの人がケガをする危険があります。周りの人がケガをしないように、何を使って片付けをすればよいのか、そこが本問で最初に考えるべきポイントです。常識問題では、特に生活のマナー、モラル、ルールについてはさまざまなベクトルがありますが、「安全」はその中で最も重要なものだからです。学校が児童を預かるにあたって第一に考えるのは児童の安全、心身の健康でしょう。学力・能力・知識などはその次に大切なことです。こういった考えをお子さまが知る必要はありませんが、保護者の方は意識しておいてください。お子さまを指導する上で役に立ちます。

【おすすめ問題集】

Ｊｒ・ウォッチャー29「行動観察」、30「生活習慣」

問題39　分野：制作

考え　創造

〈準備〉　クーピーペン（12色）、画用紙（30cm×40cm）、ハサミ、のり

〈問題〉　（問題39の紙を渡す）
①卵を３色以上で塗ってください。
②塗り終えたら、卵を線に沿って、ハサミで切ってください。
③切り取った卵を大きな画用紙に貼ってください。
④卵の隣に生まれてくるものの絵を描いてください。

〈時間〉　適宜

〈解答〉　省略

［2019年度出題］

学習のポイント

制作の問題は、作品の出来よりも、指示をきちんと守れているか、使ったものや材料をていねいに扱っているか、後片付けはできているかという点が観点です。ですからお子さまには「お勉強」としてではなく、家で行うことの１つとして教えてください。つまり、生活マナーの１つとしての、後片付け、材料の扱いを教えるということです。もちろん、指示があれば、それを守ることも重要です。また、その際に、こうすれば、もっとよくなるよ、とアドバイスをしてあげてください。お子さまが次に作業した時に、どうすれば前よりも上手くできるかな、と考えて工夫すれば、さらに高いレベルの学びへとつながっていきます。

【おすすめ問題集】
実践 ゆびさきトレーニング①②、Ｊｒ・ウォッチャー23「切る・貼る・塗る」

問題40　分野：行動観察、巧緻性

聞く

〈準備〉　ソックス、タオル、スカート、ズボン、シャツ、セーターなどの衣服数枚、シート、カゴ３つ、「ソックス、タオル」のイラストの紙、「スカート、ズボン」のイラストの紙、「シャツ、セーター」のイラストの紙
※イラストが書かれた紙をカゴに１つずつ貼っておく。
※衣類はシートの上にたくさん積んでおく。

〈問題〉　**この問題は絵を参考にしてください。**

①好きな服を１枚選んでください。

②選んだ服をたたんでください。

（20秒後）
③たたんだ服と同じ絵が描かれてあるカゴにしまってください。

〈時間〉　適宜

〈解答〉　省略

［2019年度出題］

学習のポイント

年齢相応に、生活で必要な動作、作業ができるかという点を観る（生活）巧緻性の問題です。ただし、この問題では、服を「きれいにたたむ」ということにはそれほど注目しなくてもよいかもしれません。というのは、ここでは当校にしては複雑な指示が出ているからです。お子さま自身が選んだものを持ってきて、それをきれいにたたんでから、同じ絵が描かれたカゴに戻すという、こうした指示は慣れていないお子さまにとっては意外に難しいのです。複雑な指示に惑わされずに、お子さまができる範囲でがんばる姿勢を見せることが大切でしょう。指示を無視の行動は論外です。なお、指示をしっかり聞くということが当校入試の行動観察で共通して観られているポイントです。上手くいかなくても、指示通りに行動することを心がけてください。

【おすすめ問題集】
Ｊｒ・ウォッチャー30「生活習慣」

朝日塾小学校　専用注文書

年　　月　　日

合格のための問題集ベスト・セレクション

＊入試頻出分野ベスト３

1st 常　識	**2nd** 数　量	**3rd** 図　形
集中力　聞く力　知　識	聞く力　思考力	集中力　思考力　観察力

当校のペーパーテストは、常識・数量・図形など幅広い分野から出題されます。お話の記憶の問題が例年出題されているので、特に重点を置いて学習に取り組むとよいでしょう。

分野	書　名	価格(税抜)	注文	分野	書　名	価格(税抜)	注文
図形	Ｊｒ・ウォッチャー1「点・線図形」	1,500円	冊	巧緻性	Ｊｒ・ウォッチャー51「運筆①」	1,500円	冊
図形	Ｊｒ・ウォッチャー6「系列」	1,500円	冊	巧緻性	Ｊｒ・ウォッチャー52「運筆②」	1,500円	冊
常識	Ｊｒ・ウォッチャー11「いろいろな仲間」	1,500円	冊	推理	Ｊｒ・ウォッチャー58「比較②」	1,500円	冊
推理	Ｊｒ・ウォッチャー15「比較」	1,500円	冊		1話5分の読み聞かせお話集①②	1,800円	各　冊
数量	Ｊｒ・ウォッチャー16「積み木」	1,500円	冊		お話の記憶 初級編	2,600円	冊
言語	Ｊｒ・ウォッチャー18「いろいろな言葉」	1,500円	冊		実践 ゆびさきトレーニング①②③	2,500円	各　冊
記憶	Ｊｒ・ウォッチャー19「お話の記憶」	1,500円	冊		小学校受験で知っておくべき125のこと	2,600円	冊
巧緻性	Ｊｒ・ウォッチャー23「切る・貼る・塗る」	1,500円	冊		新 小学校受験の入試面接Q＆A	2,600円	冊
観察	Ｊｒ・ウォッチャー30「生活習慣」	1,500円	冊		新 願書・アンケート文例集500	2,600円	冊
常識	Ｊｒ・ウォッチャー34「季節」	1,500円	冊		保護者の悩みQ＆A	2,600円	冊
数量	Ｊｒ・ウォッチャー37「選んで数える」	1,500円	冊		小学校受験入門　願書の書き方から面接まで	2,500円	冊
数量	Ｊｒ・ウォッチャー38「たし算・ひき算1」	1,500円	冊				
数量	Ｊｒ・ウォッチャー40「数を分ける」	1,500円	冊				
言語	Ｊｒ・ウォッチャー49「しりとり」	1,500円	冊				

合計	冊	円

（フリガナ） 氏　名	電　話 ＦＡＸ E-mail
住 所　〒　　　－	以前にご注文されたことはございますか。 有　・　無

★お近くの書店、または記載の電話・FAX・ホームページにてご注文をお受けしております。
電話：03-5261-8951　FAX：03-5261-8953　代金は書籍合計金額＋送料がかかります。
※なお、落丁・乱丁以外の理由による商品の返品・交換には応じかねます。

★ご記入頂いた個人に関する情報は、当社にて厳重に管理致します。なお、ご購入の商品発送の他に、当社発行の書籍案内、書籍に関する調査に使用させて頂く場合がございますので、予めご了承ください。

日本学習図書株式会社
http://www.nichigaku.jp

☆ノートルダム清心女子大学附属小学校

2021 年度 ノートルダム清心・朝日塾　過去　無断複製／転載を禁ずる　　日本学習図書株式会社

☆ノートルダム清心女子大学附属小学校

2021年度 ノートルダム清心・朝日塾 過去　無断複製／転載を禁ずる　日本学習図書株式会社

☆ノートルダム清心女子大学附属小学校

問題2

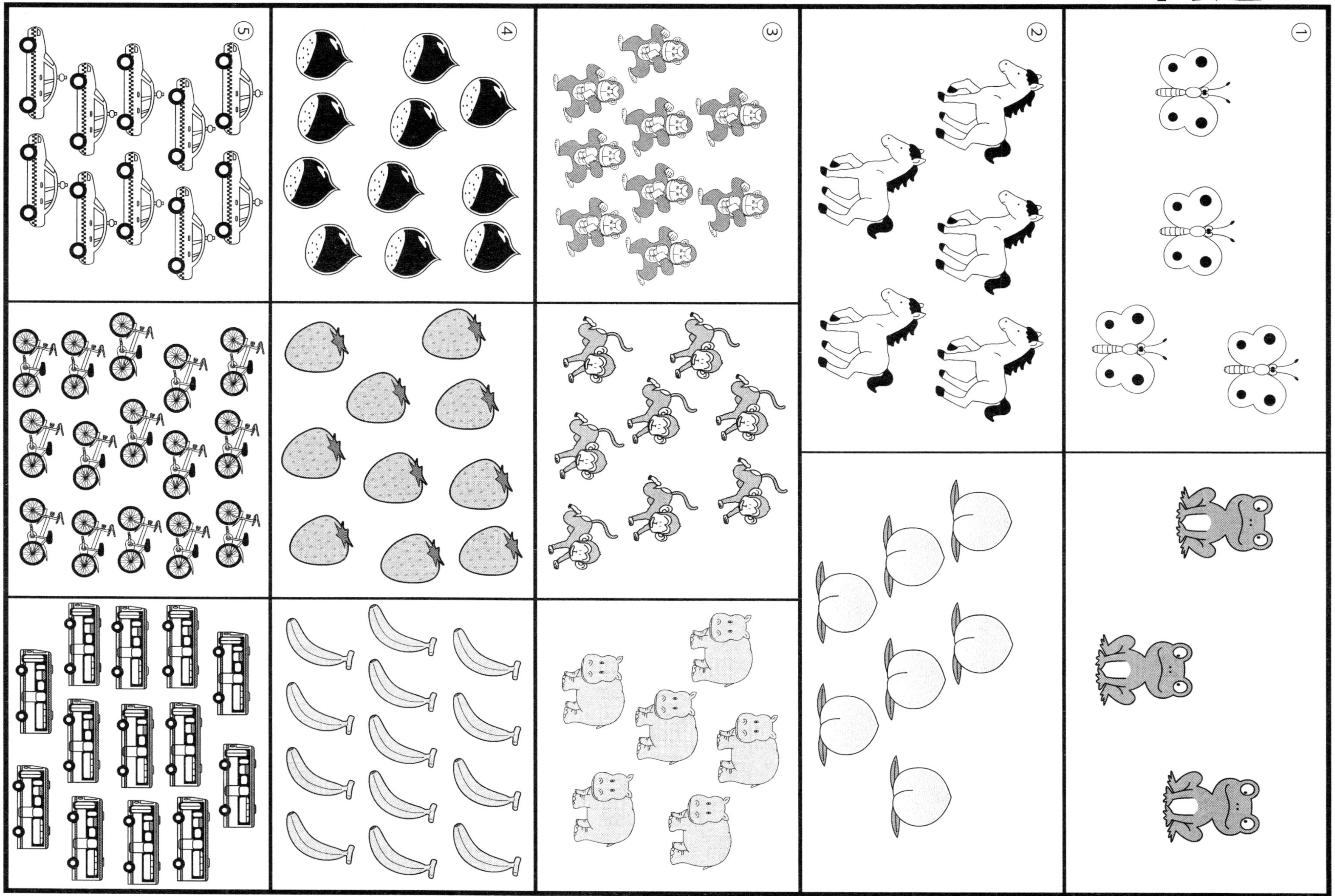

問題 3

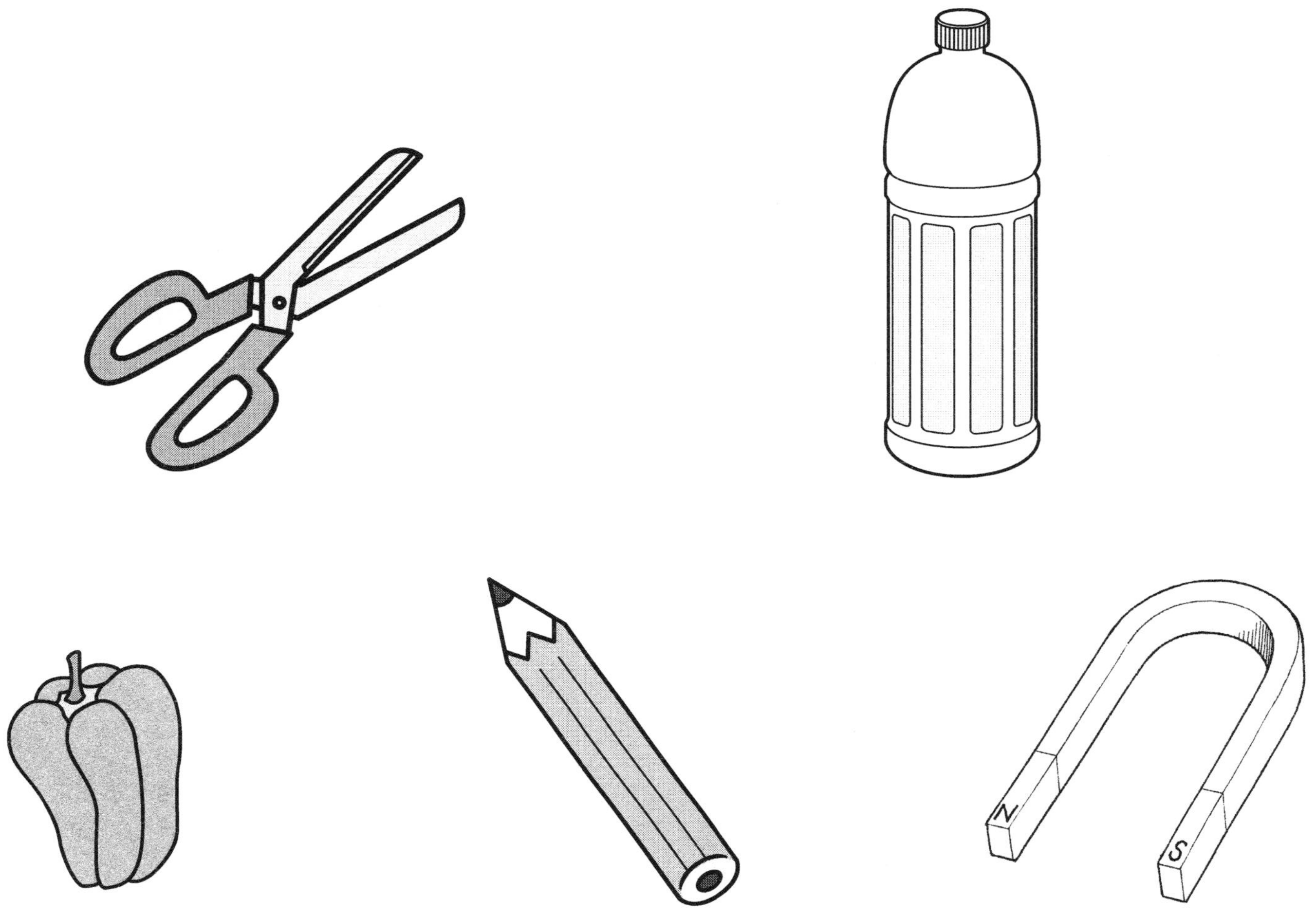

☆ノートルダム清心女子大学附属小学校

問題 4

①

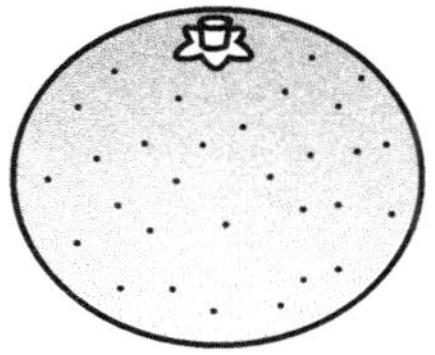

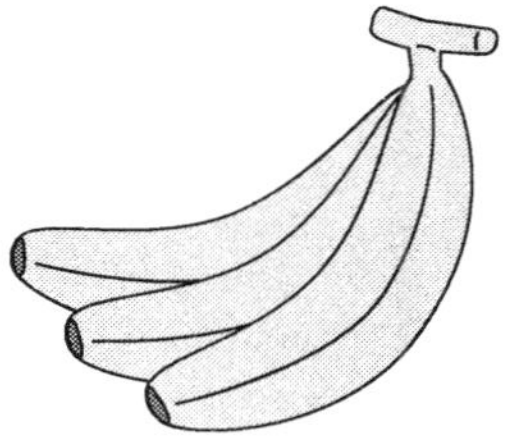

②

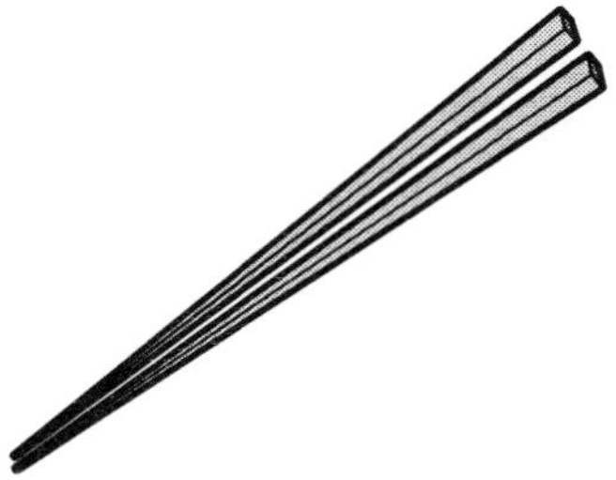

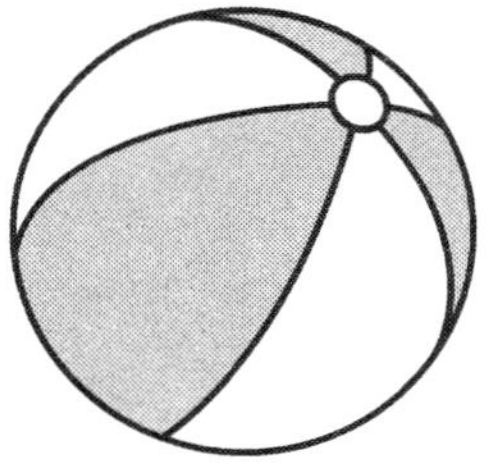

☆ノートルダム清心女子大学附属小学校

2021年度 ノートルダム清心・朝日塾 過去 無断複製／転載を禁ずる 日本学習図書株式会社

☆ノートルダム清心女子大学附属小学校

問題 6

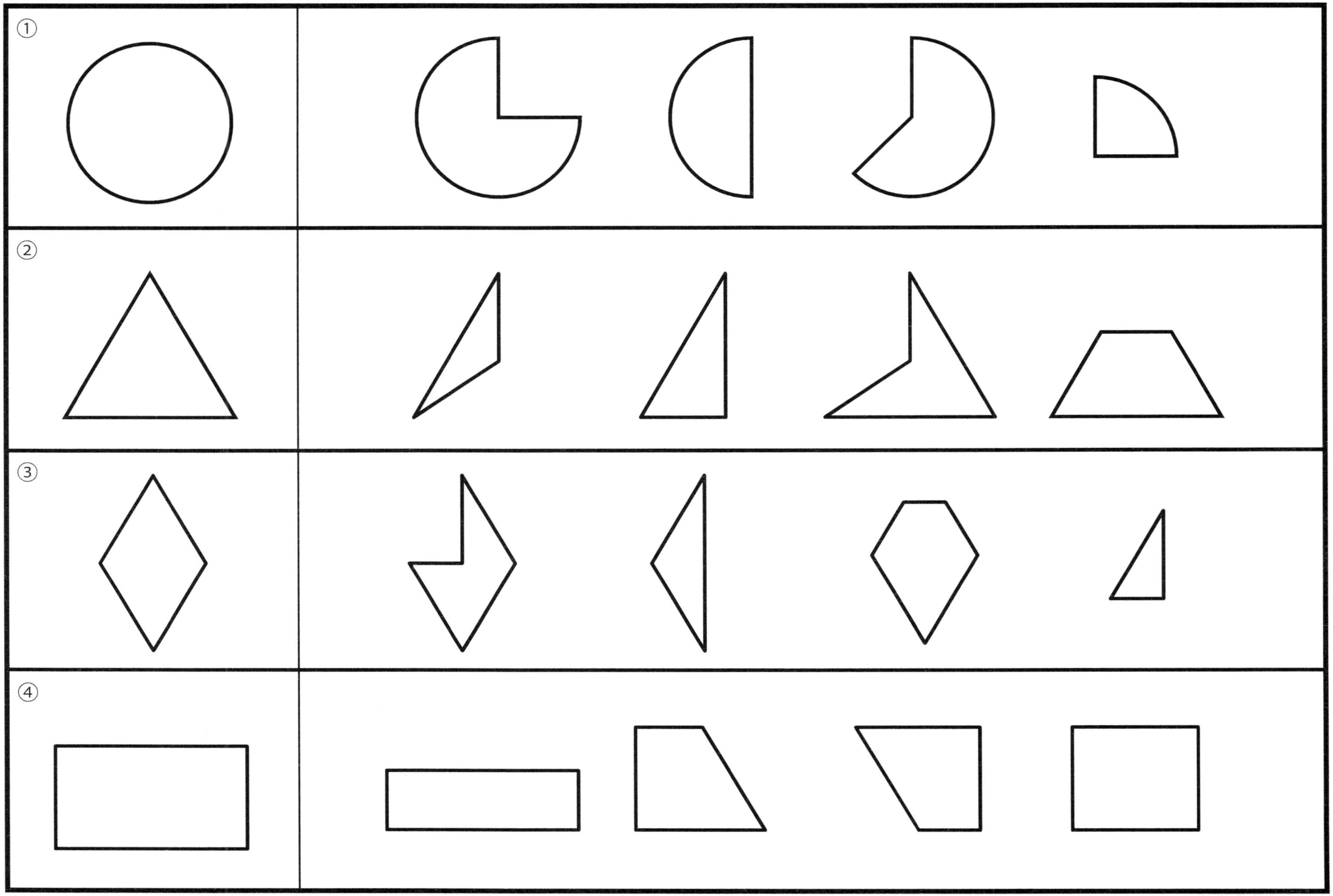

☆ノートルダム清心女子大学附属小学校

問題７－１

①

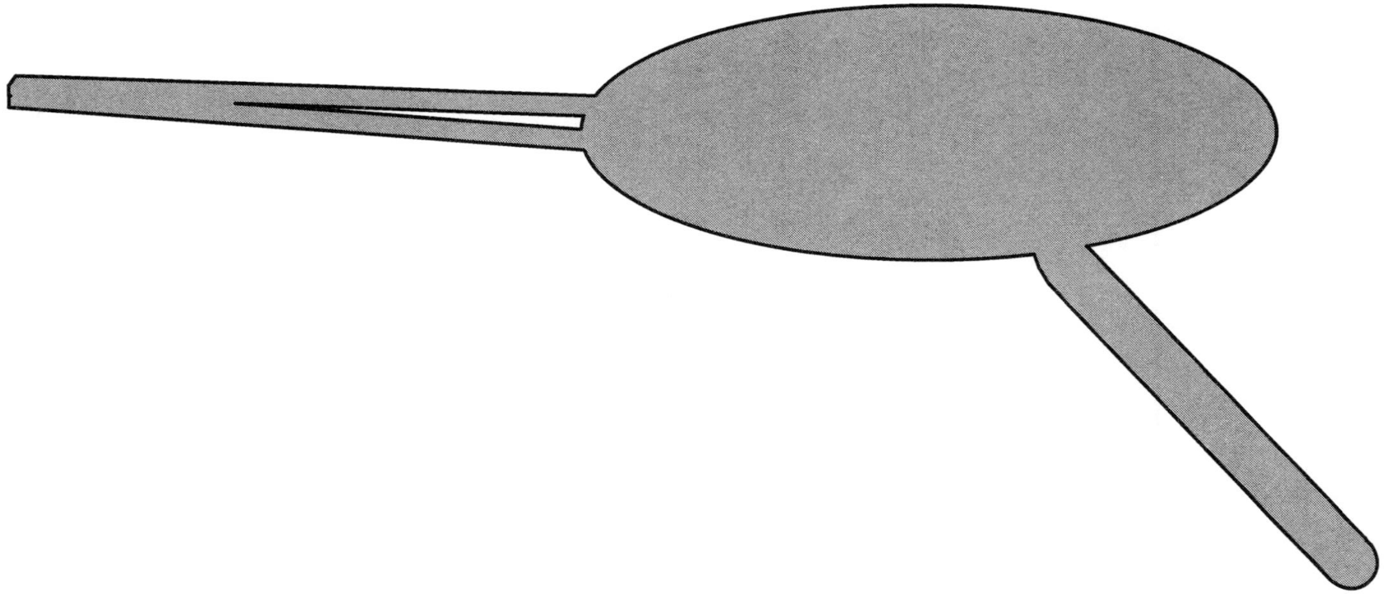

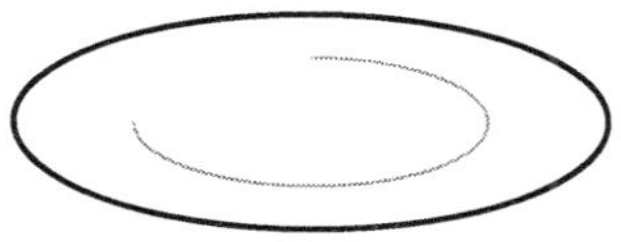

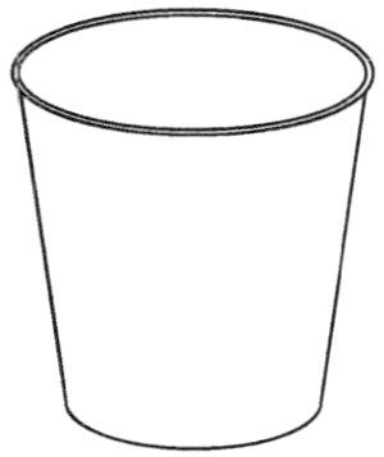

日本学習図書株式会社

②

日本学習図書株式会社

- 9 -

2021年度 ノートルダム清心・朝日塾 過去 無断複製／転載を禁ずる

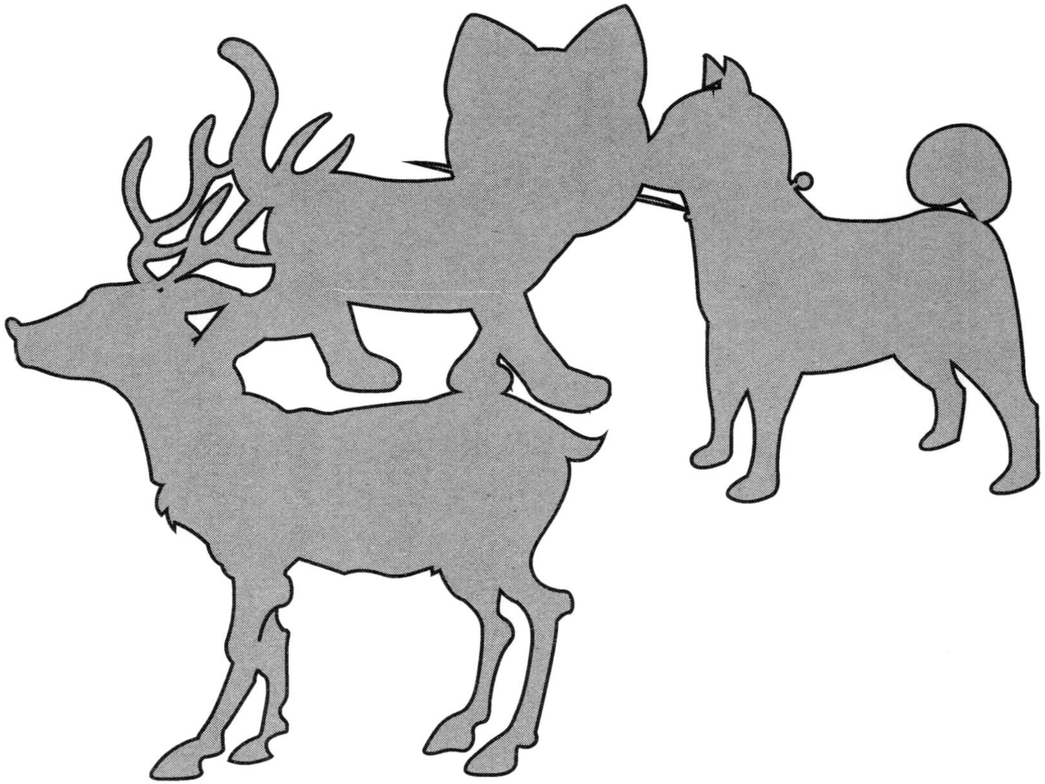

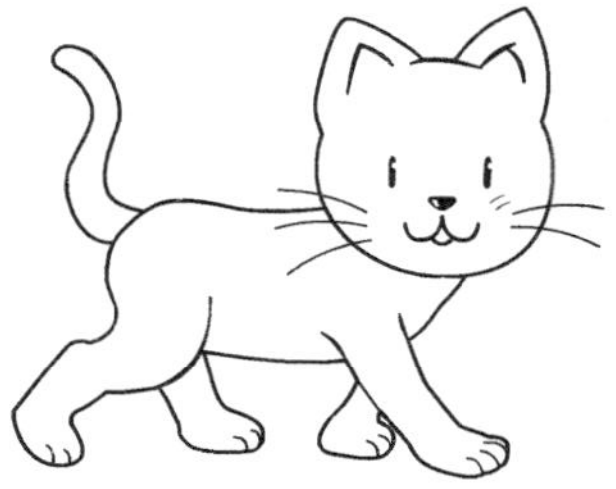

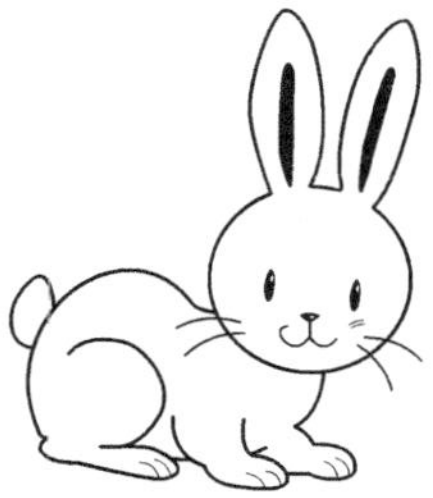

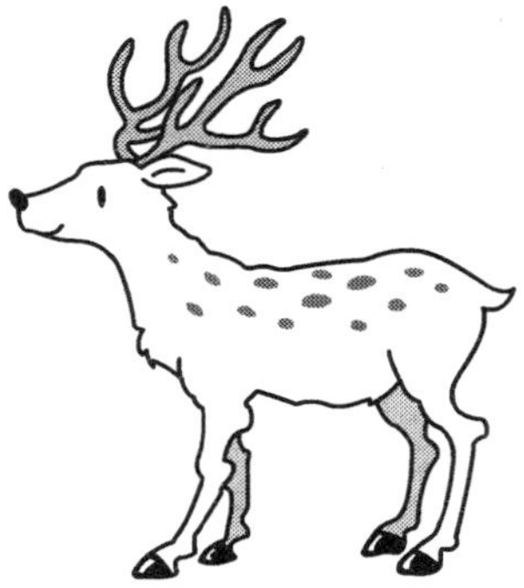

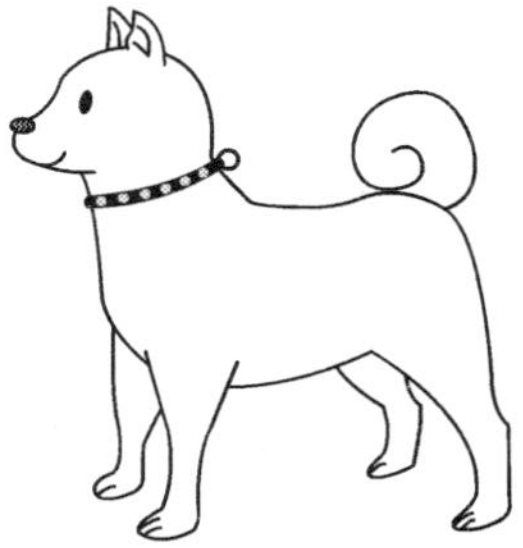

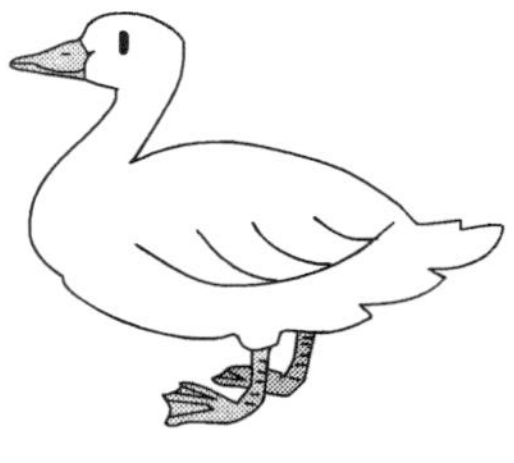

問題8

☆ ノートルダム清心女子大学附属小学校

2021 年度 ノートルダム清心・朝日塾 過去 無断複製／転載を禁ずる 日本学習図書株式会社

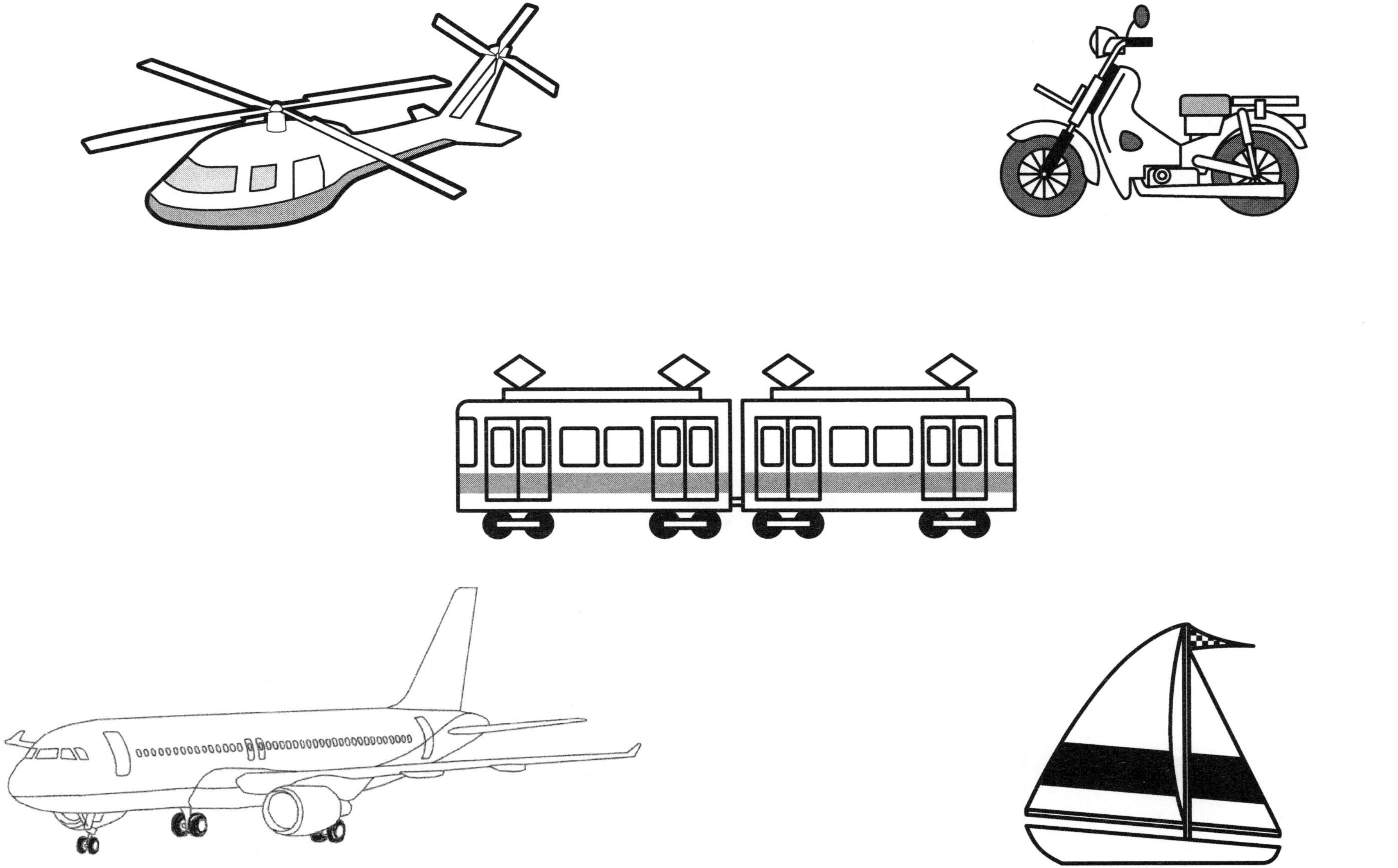

問題１０－２

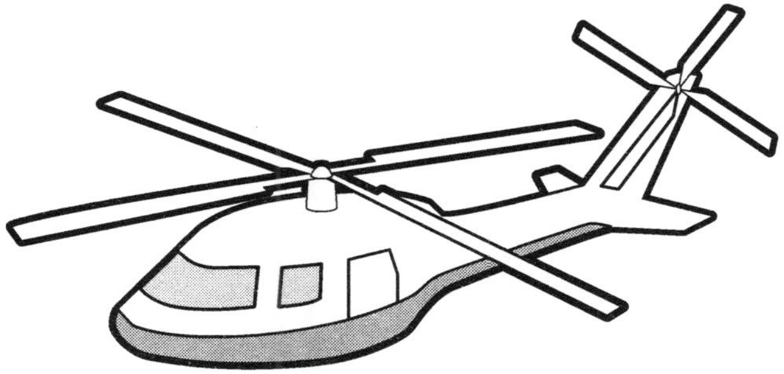

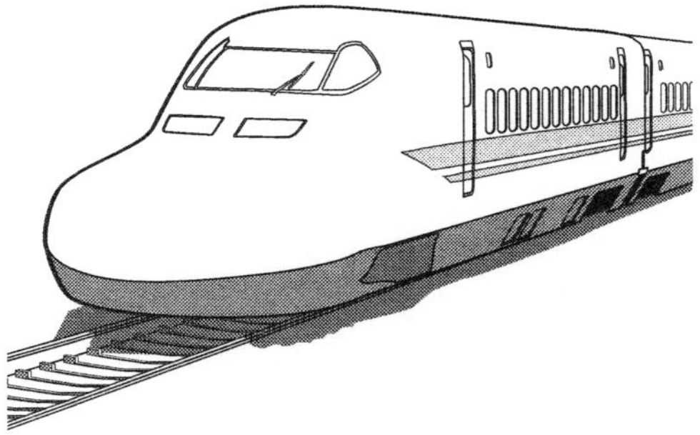

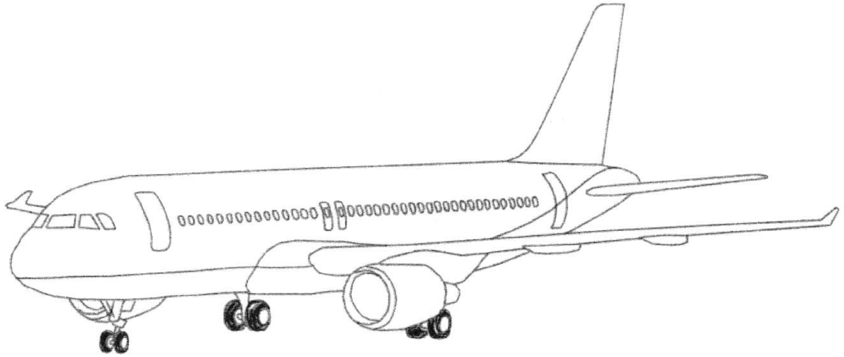

問題１１

☆ノートルダム清心女子大学附属小学校

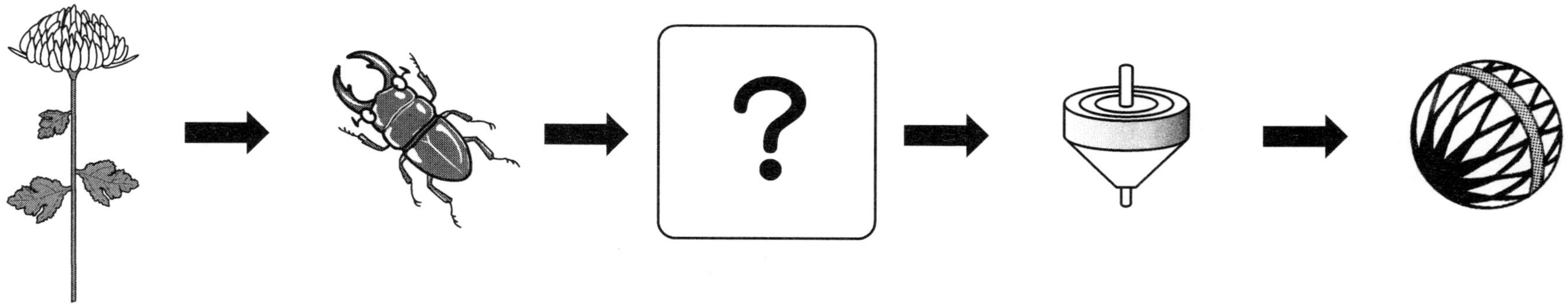

問題12

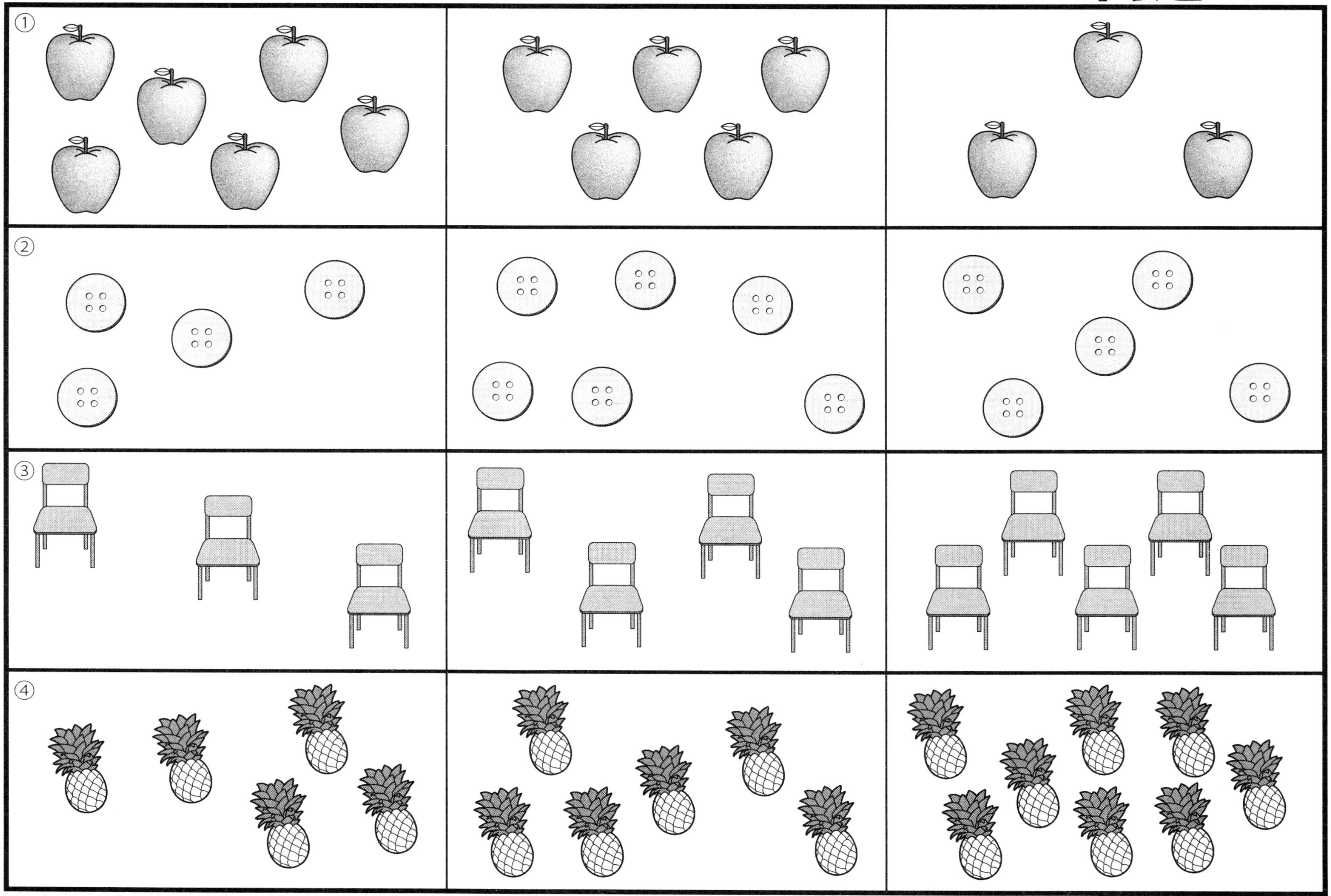

☆ノートルダム清心女子大学附属小学校

問題１３

①

②

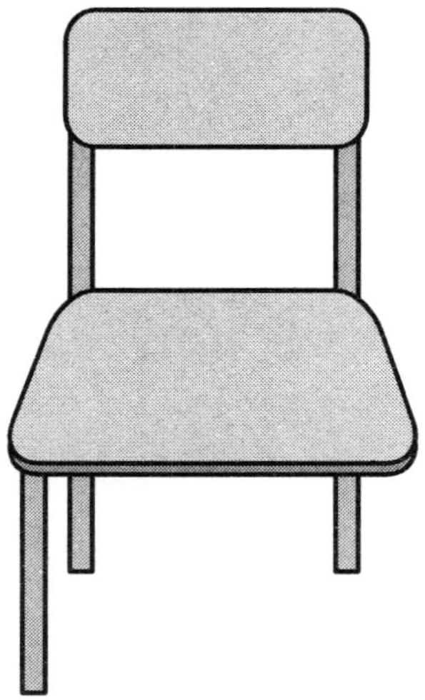

③

④

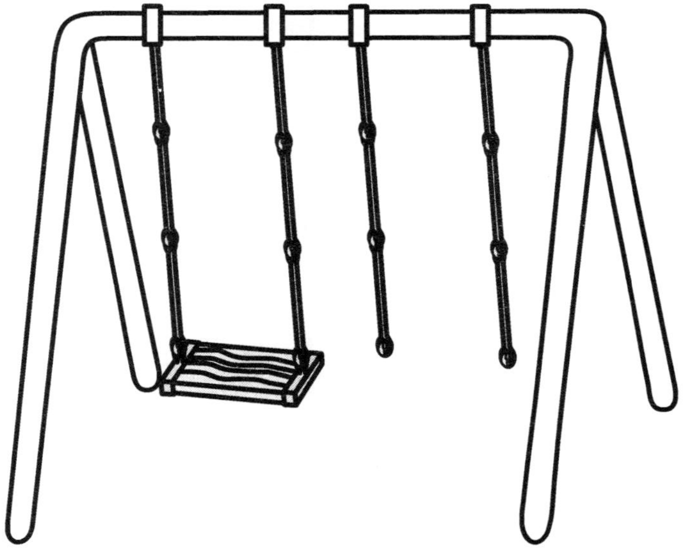

問題１４

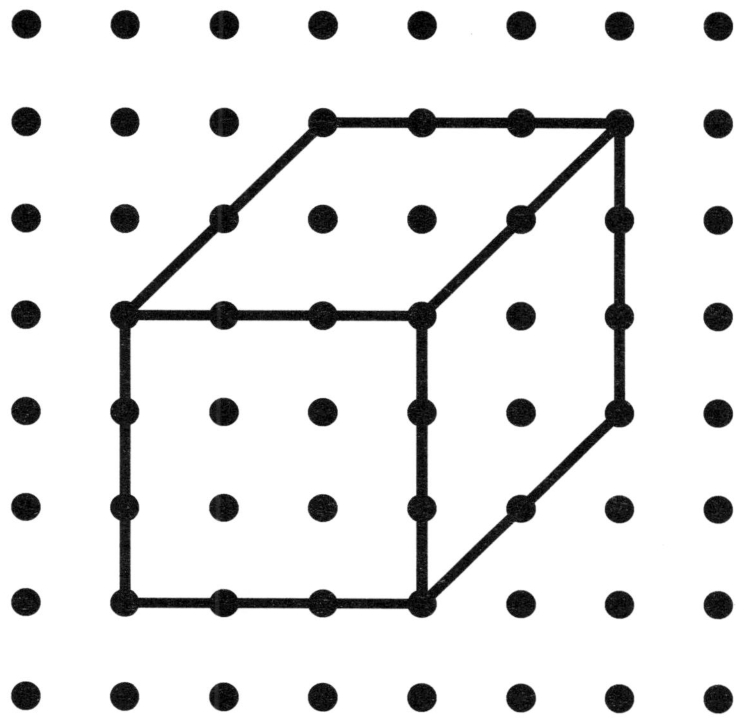

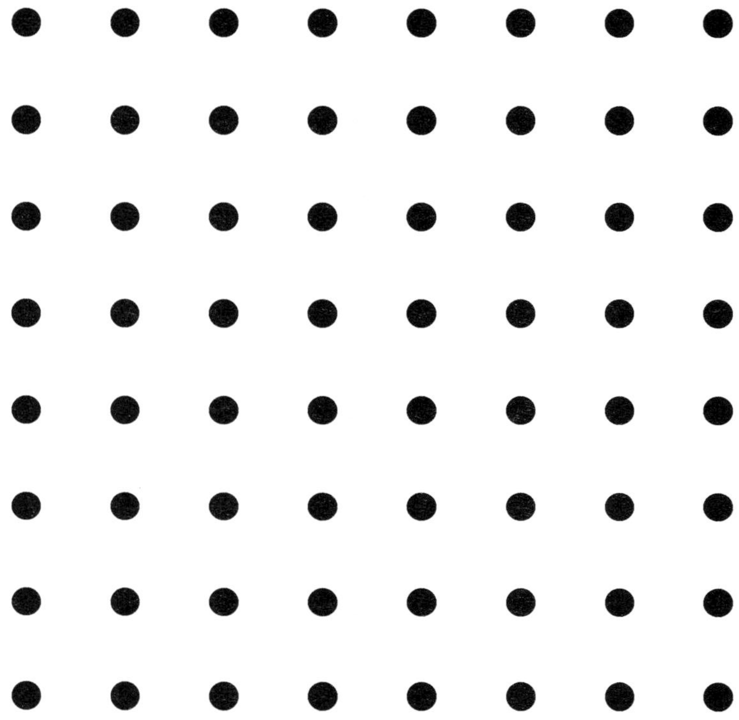

問題15

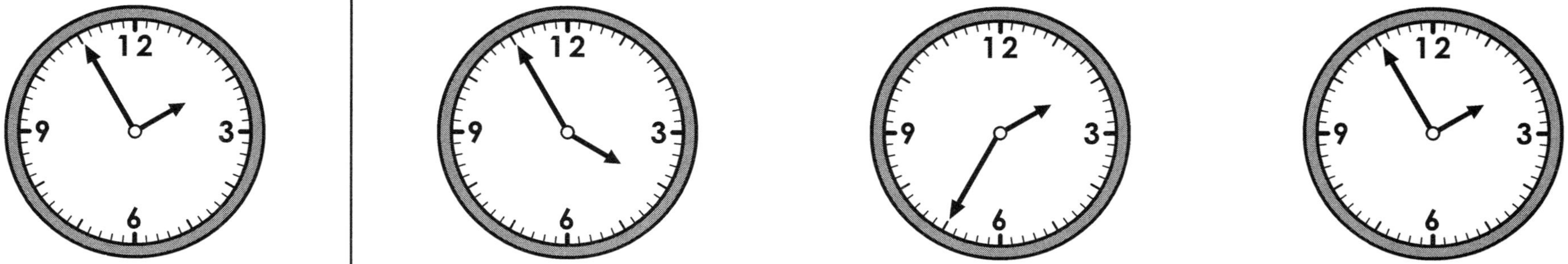

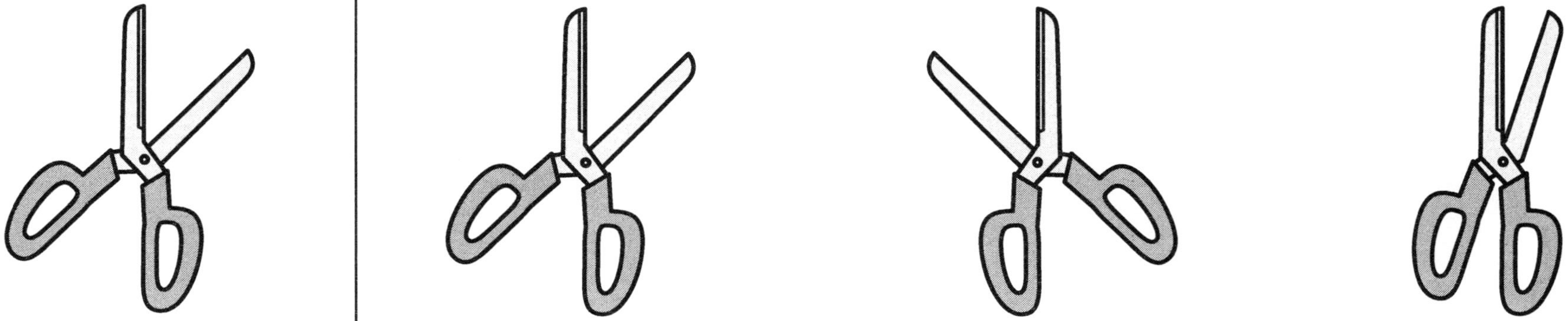

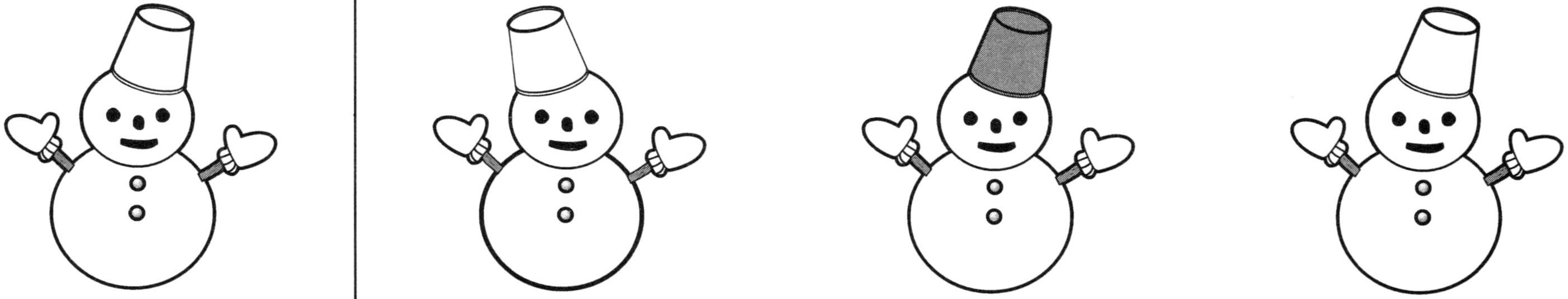

問題１６

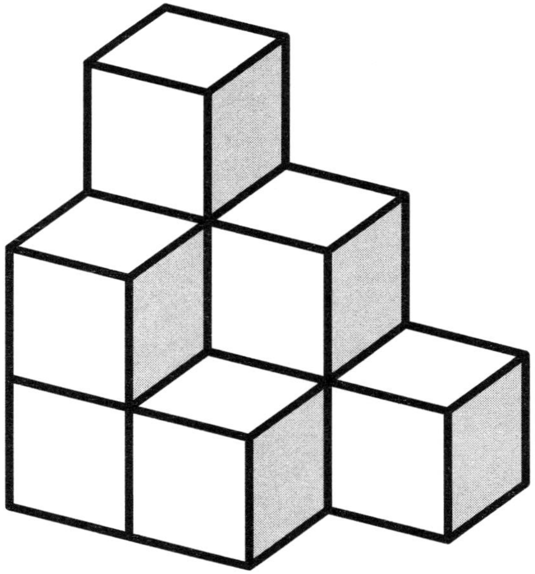

問題17

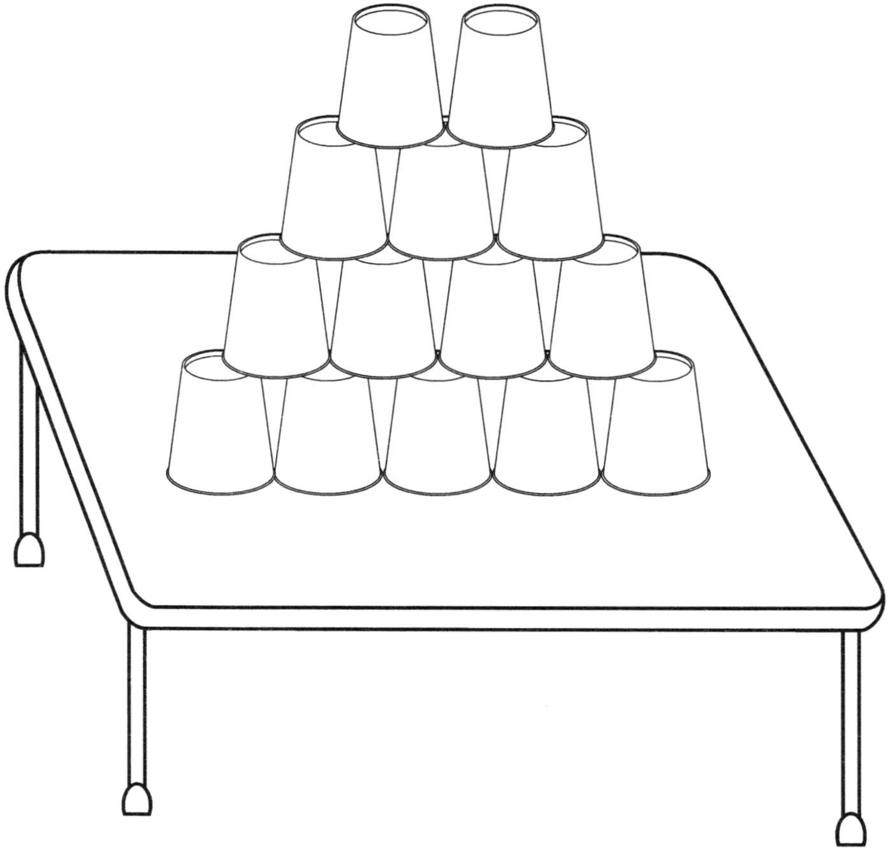

問題１８

①

②

③

日本学習図書株式会社

問題１９

①

②

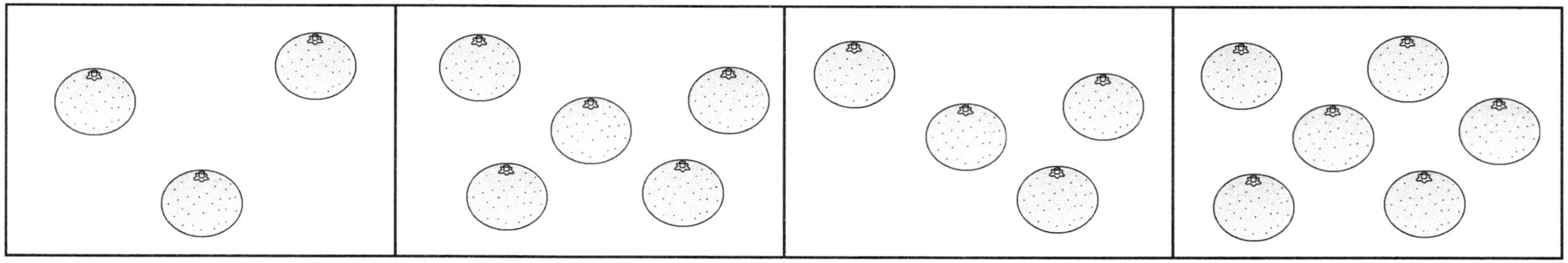

③

④

問題２０

①

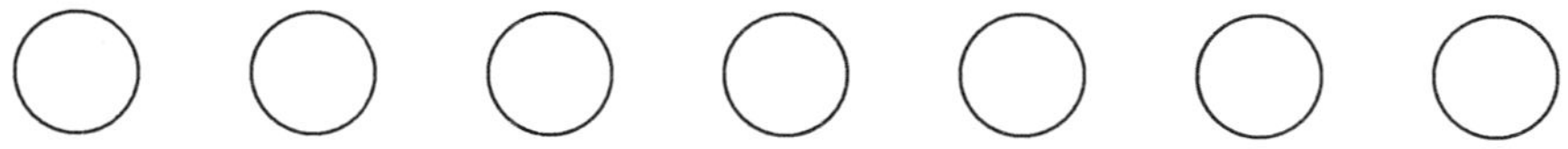

②

③

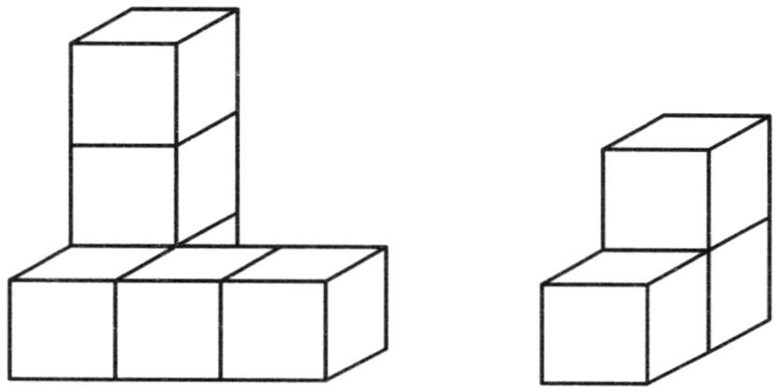

④

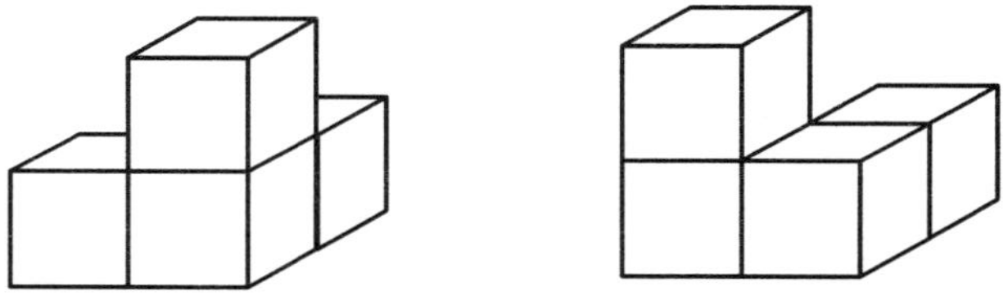

日本学習図書株式会社

☆朝日塾小学校

問題２１

①

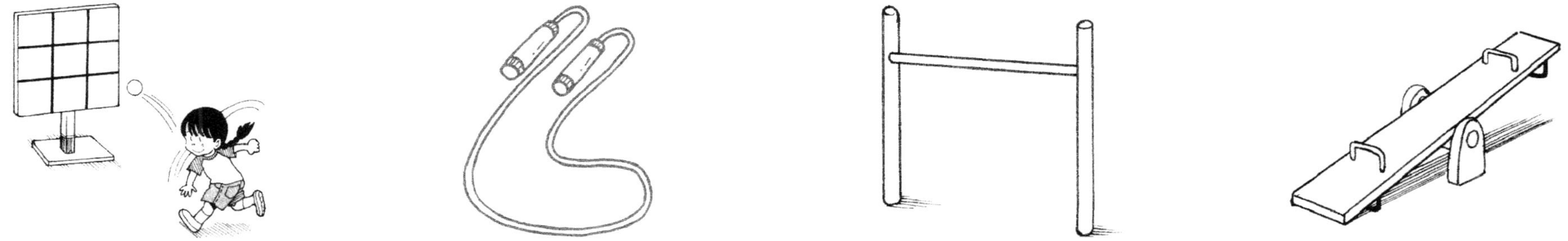

②

③

④

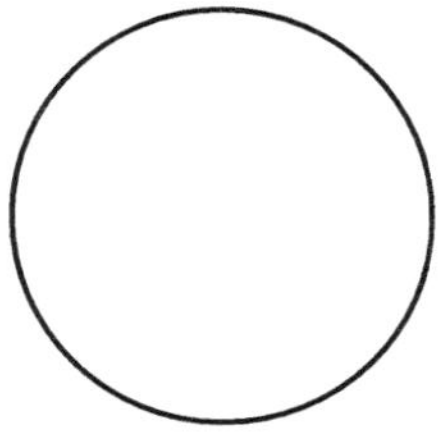

日本学習図書株式会社

☆朝日塾小学校

問題22

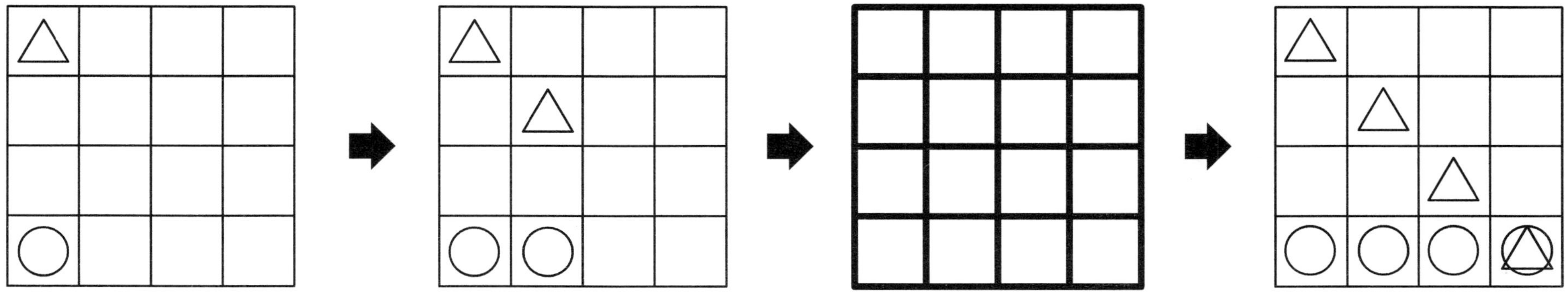

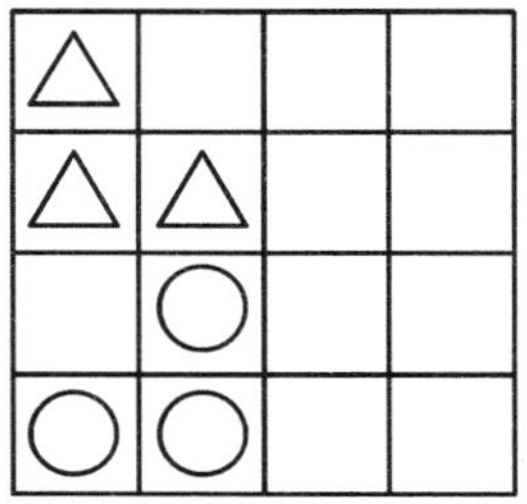

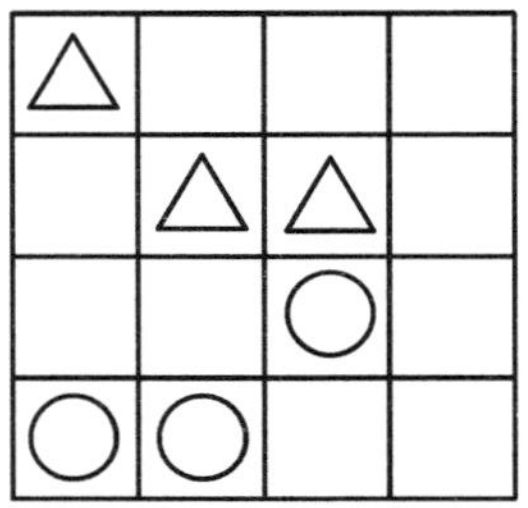

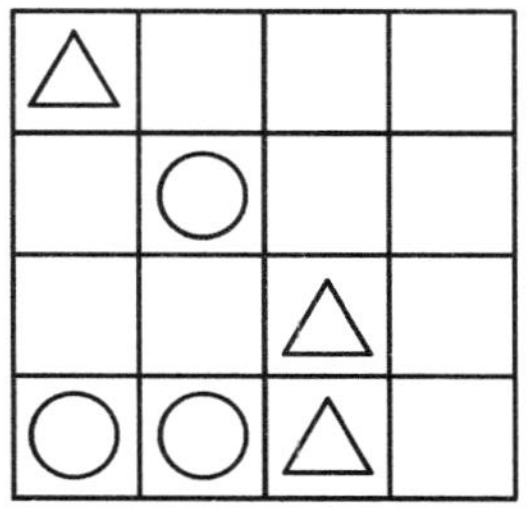

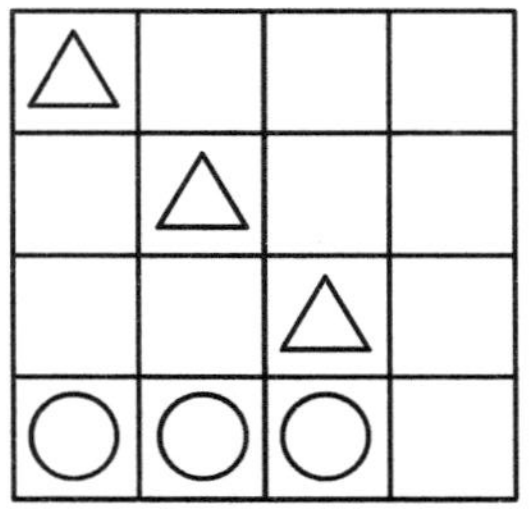

☆朝日塾小学校

問題２３

①

②

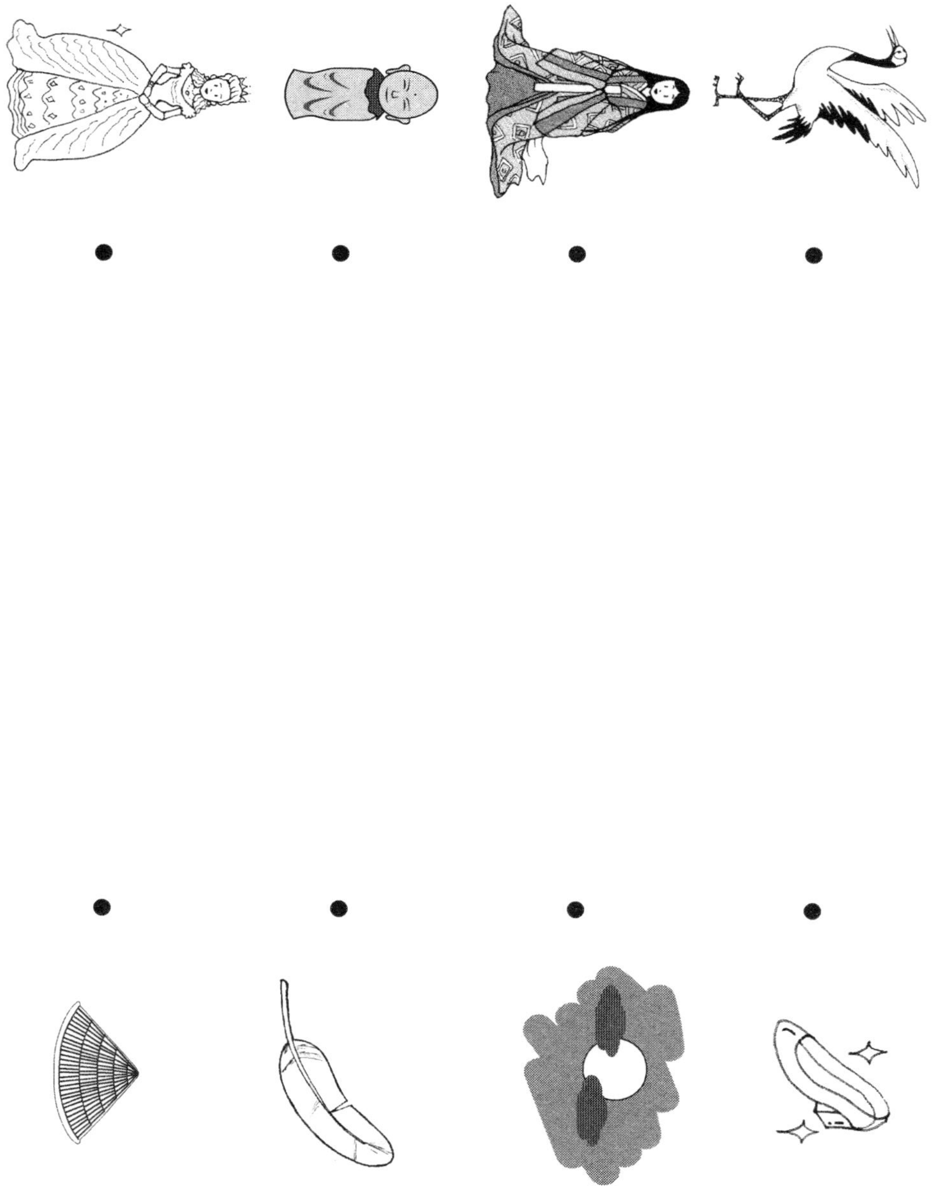

☆朝日塾小学校

問題２４

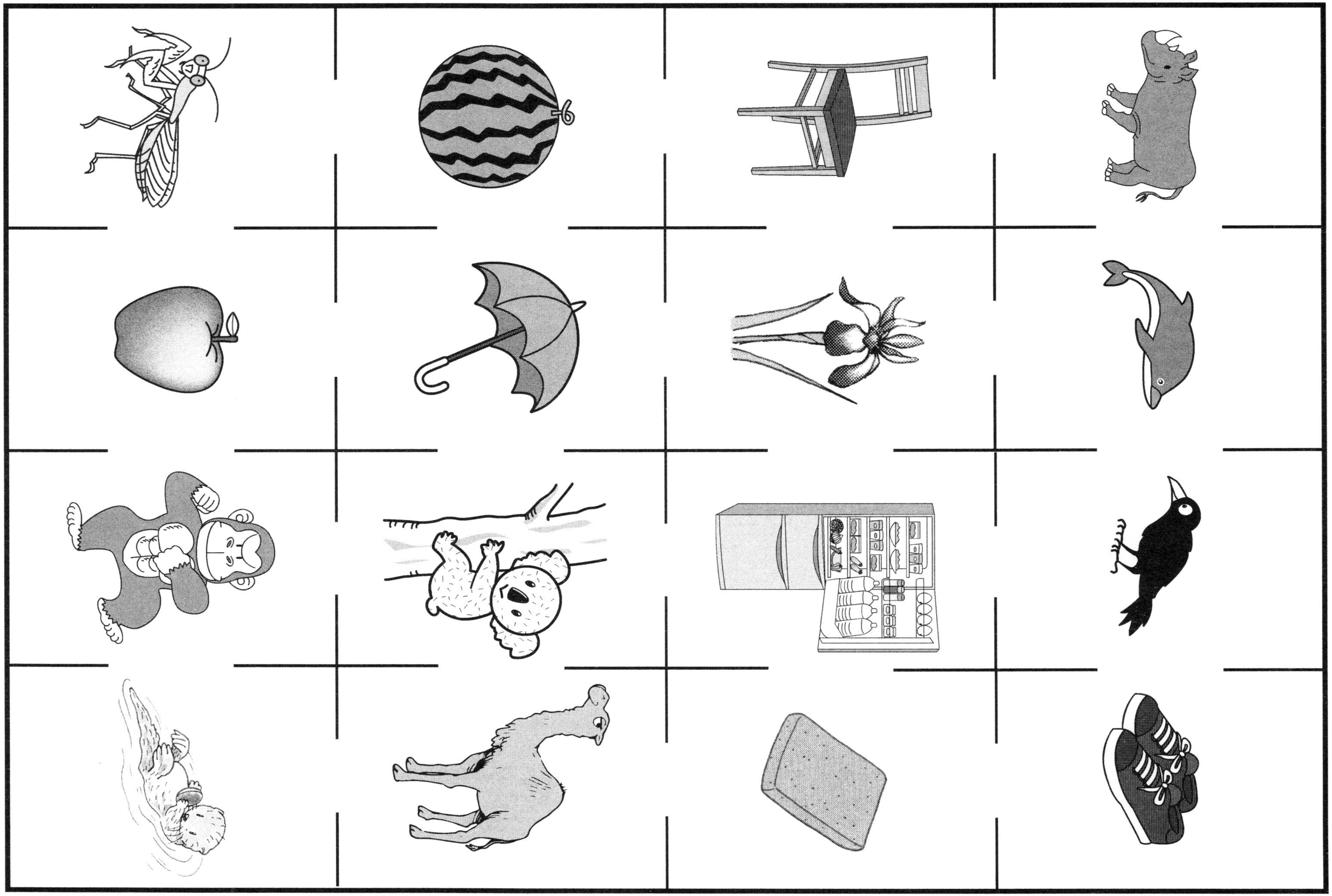

問題２５

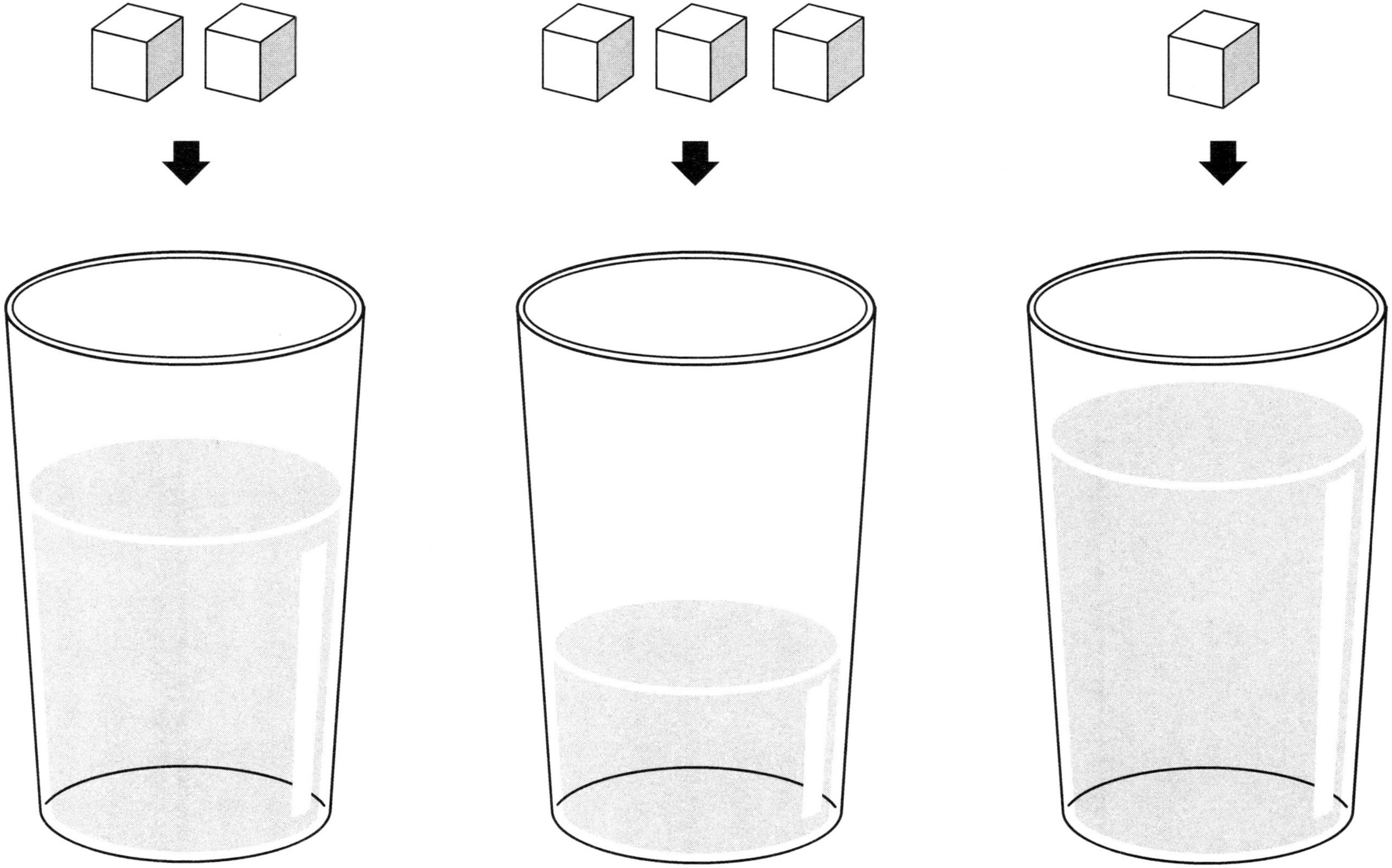

   日本学習図書株式会社

☆朝日塾小学校

問題２６

①

②

③

問題２７

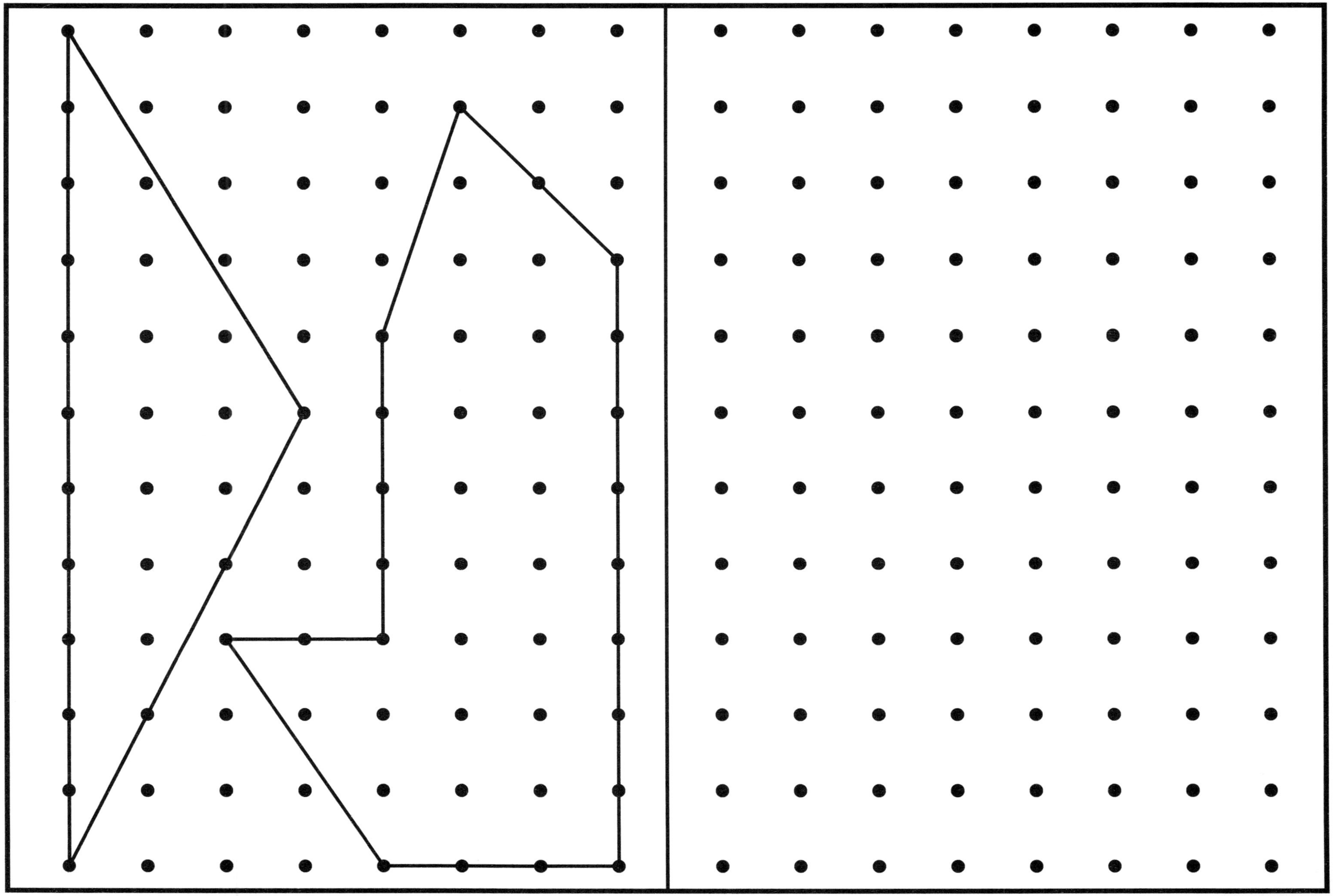

☆朝日塾小学校

問題２８

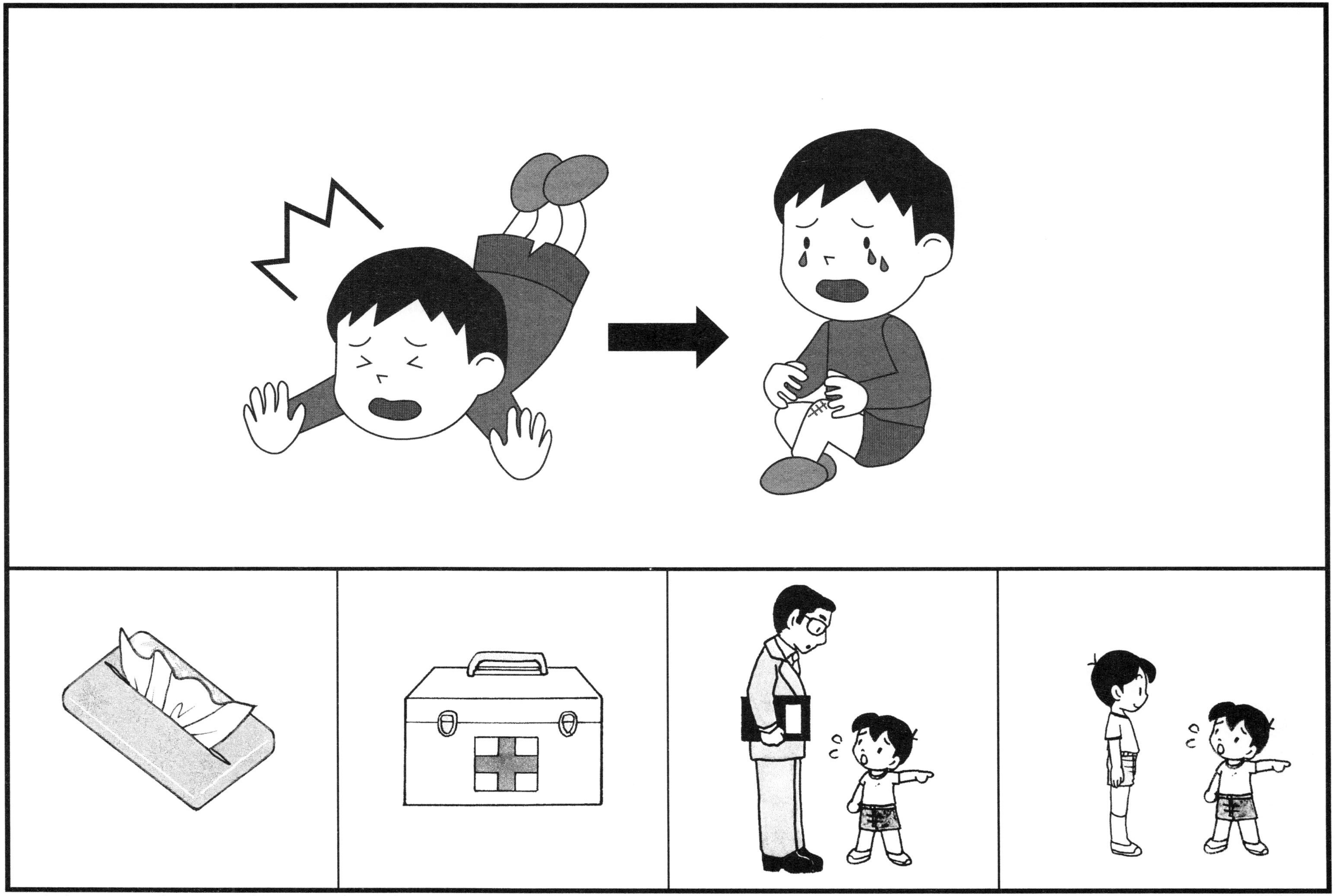

☆朝日塾小学校

問題２９

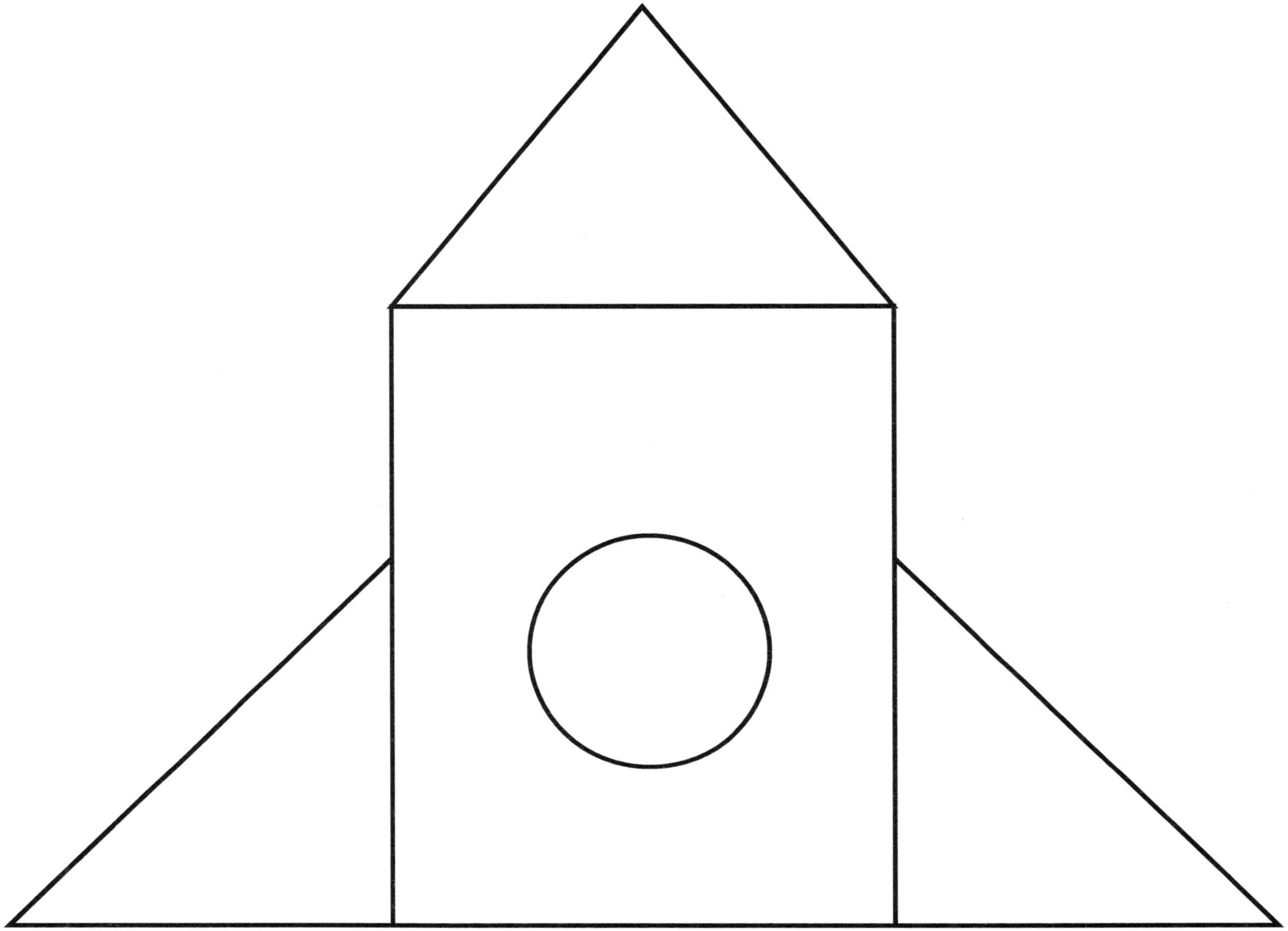

日本学習図書株式会社

☆朝日塾小学校

問題31

①

②

③

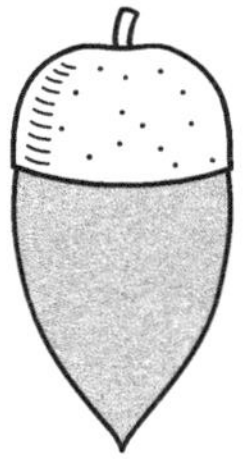

④

問題 3 2

☆朝日塾小学校

2021年度 ノートルダム清心・朝日塾 過去 無断複製／転載を禁ずる　日本学習図書株式会社

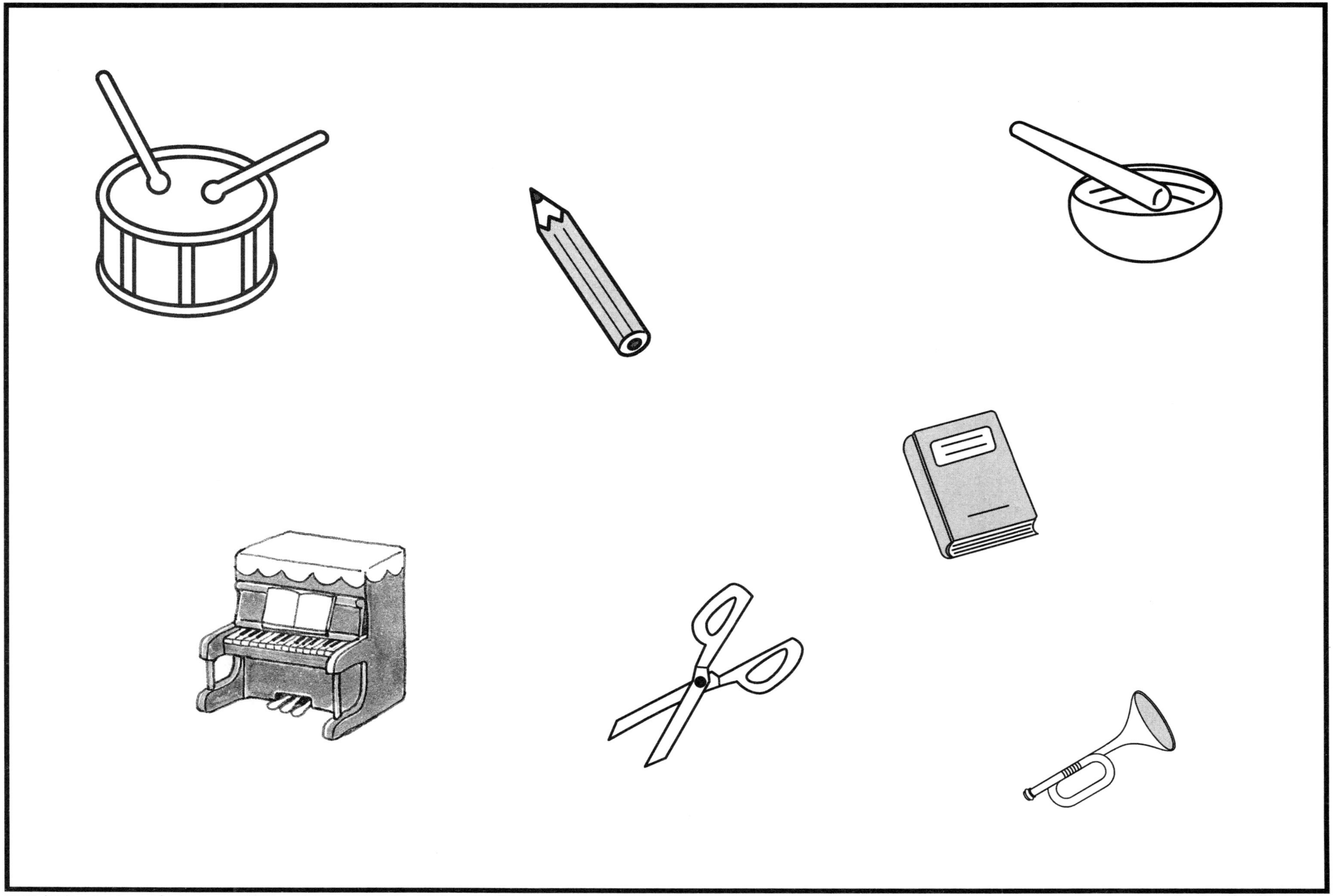

問題３３

☆朝日塾小学校

問題３４

①

②

③

日本学習図書株式会社

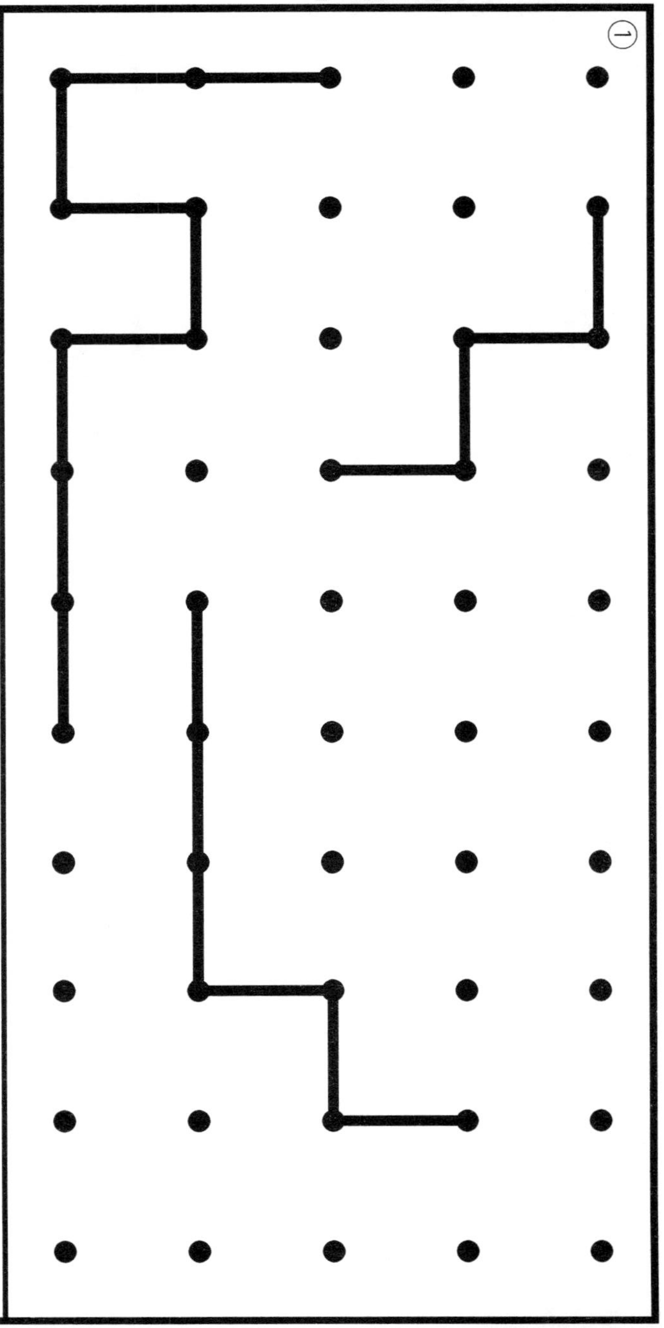

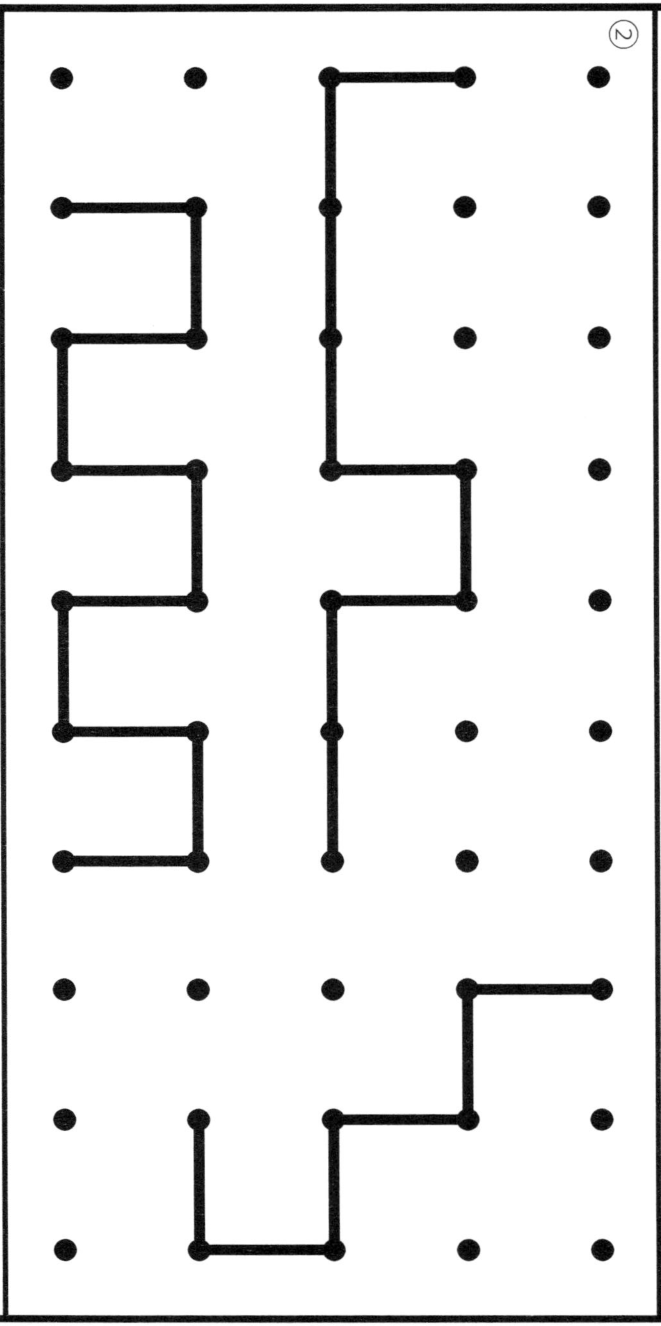

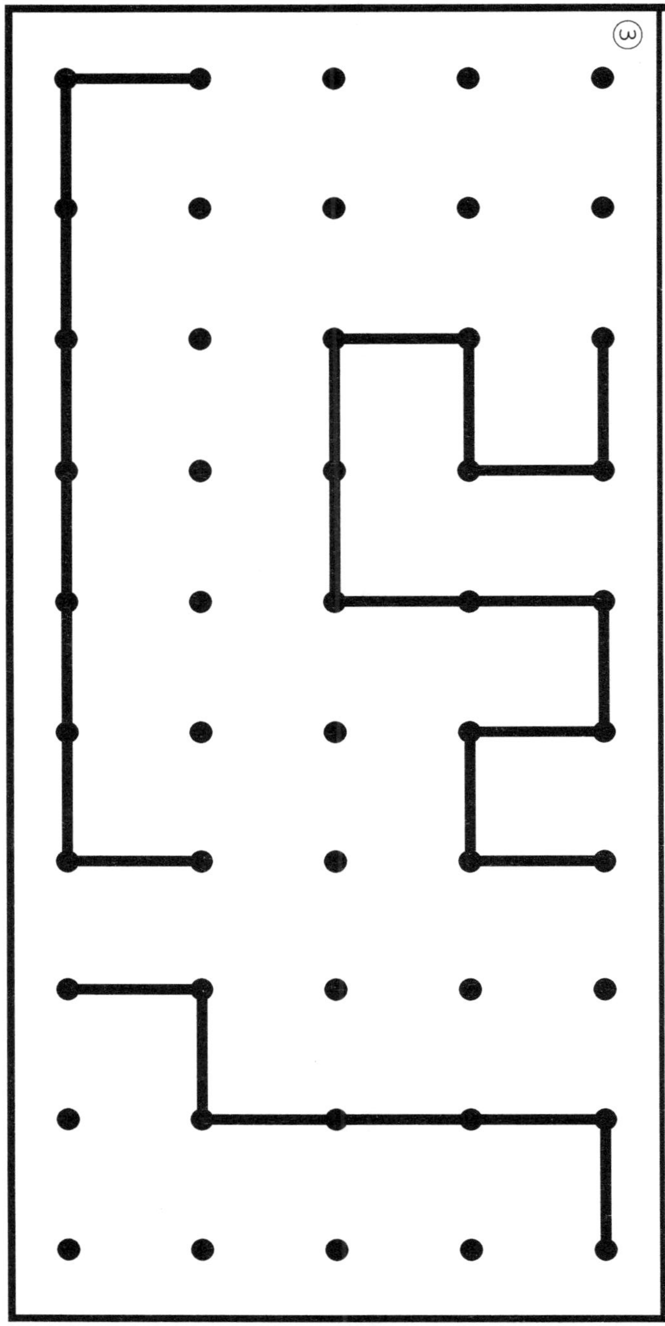

☆朝日塾小学校

問題３６

①

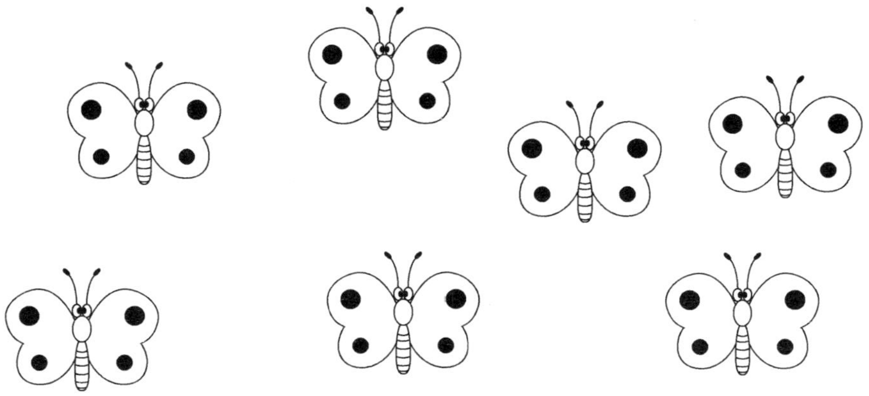

②

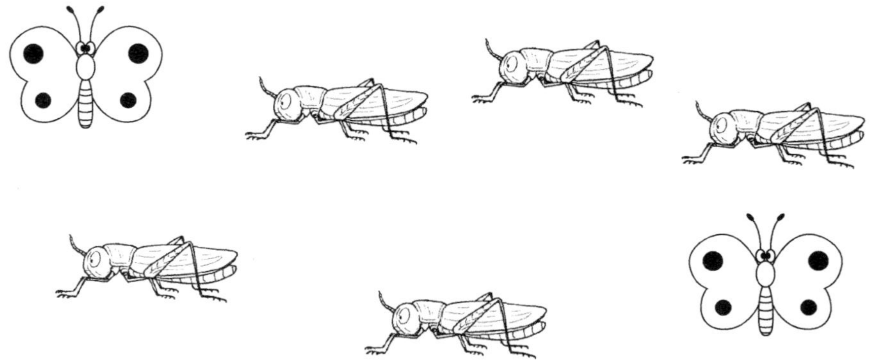

③

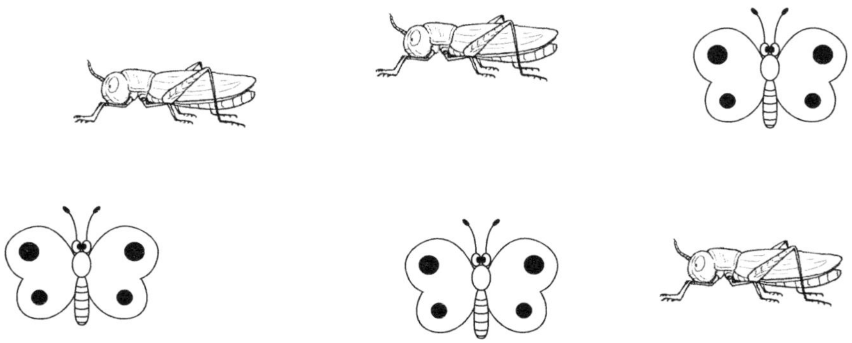

④

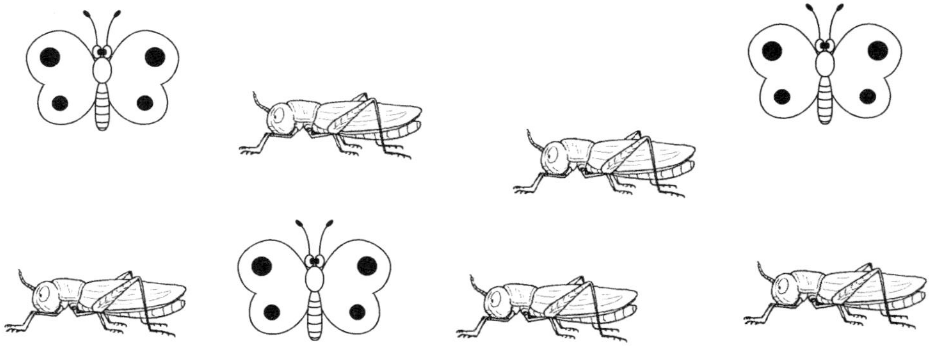

☆朝日塾小学校

問題37

①

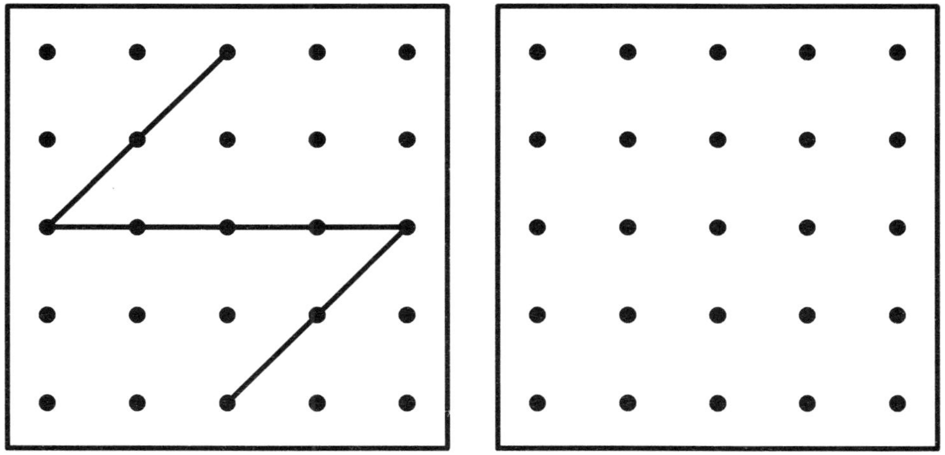

②

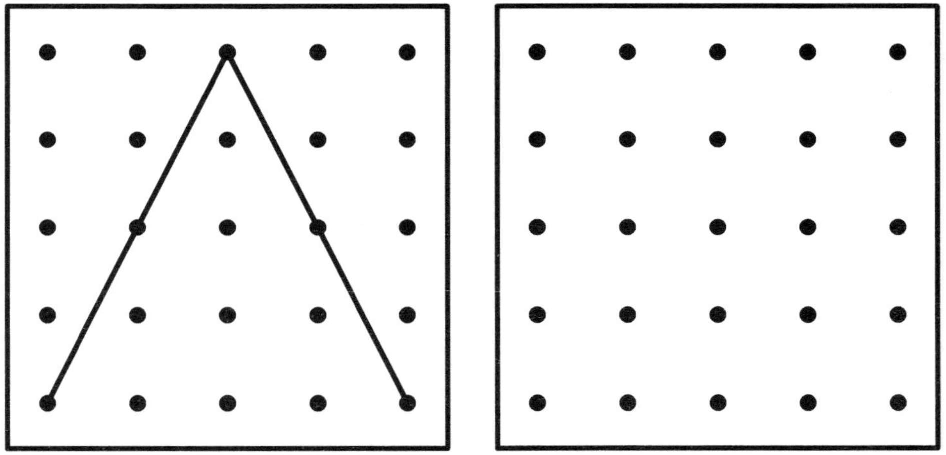

③

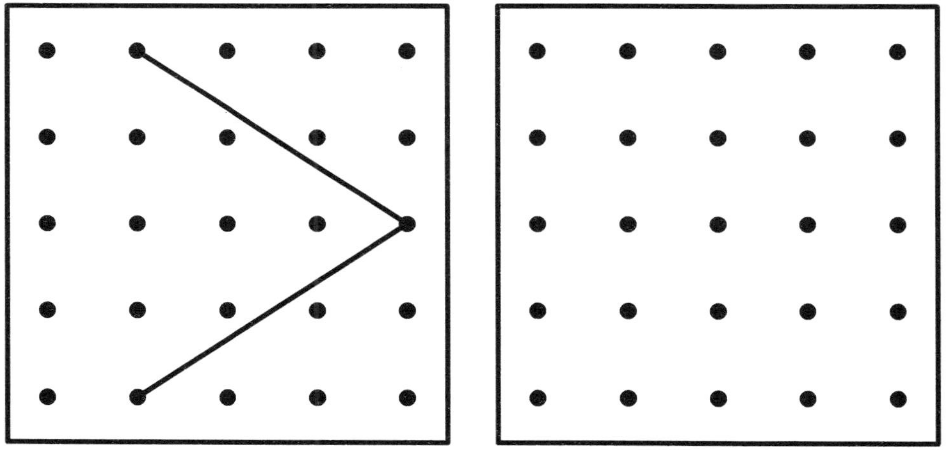

④

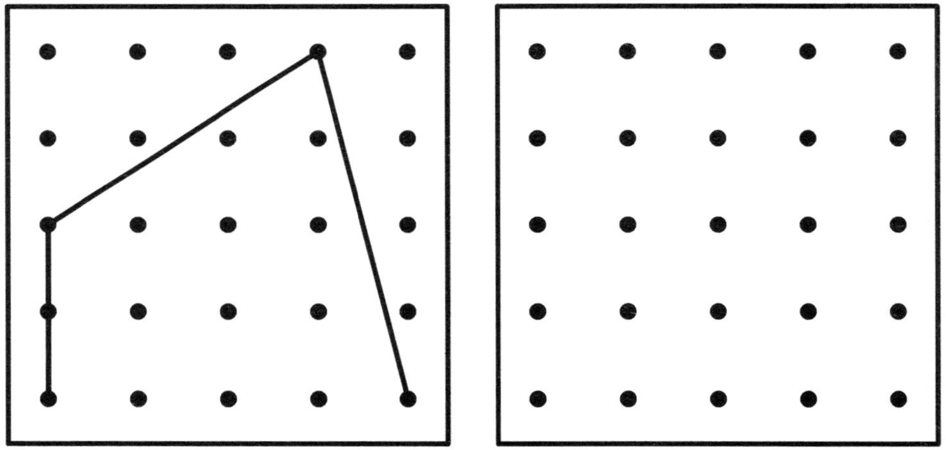

問題38

☆朝日塾小学校

日本学習図書株式会社

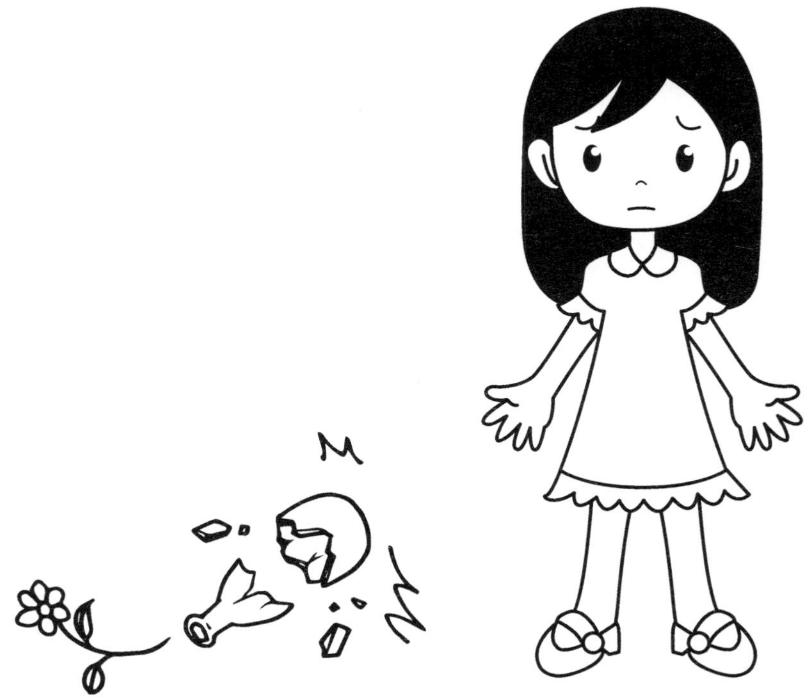

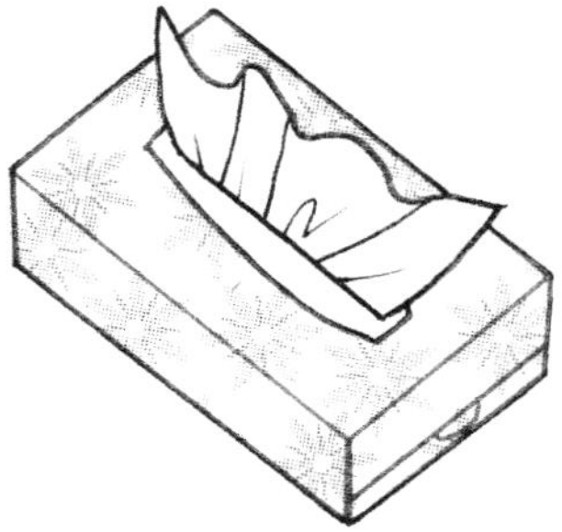

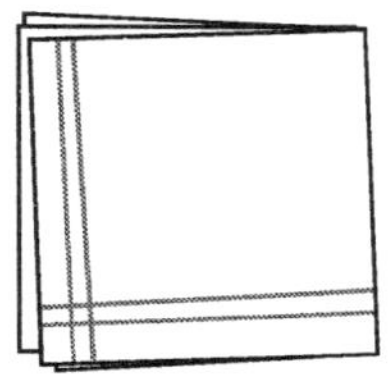

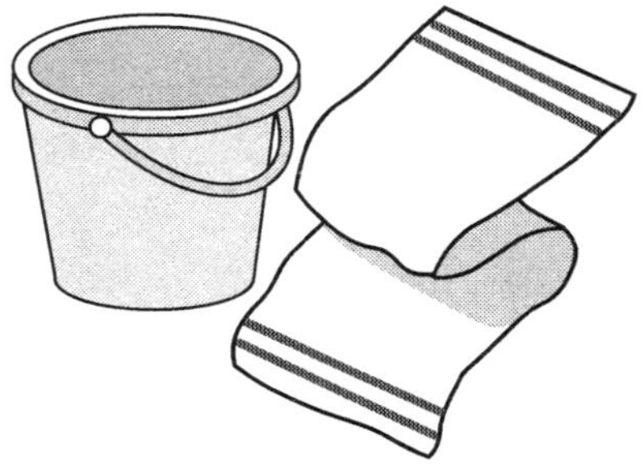

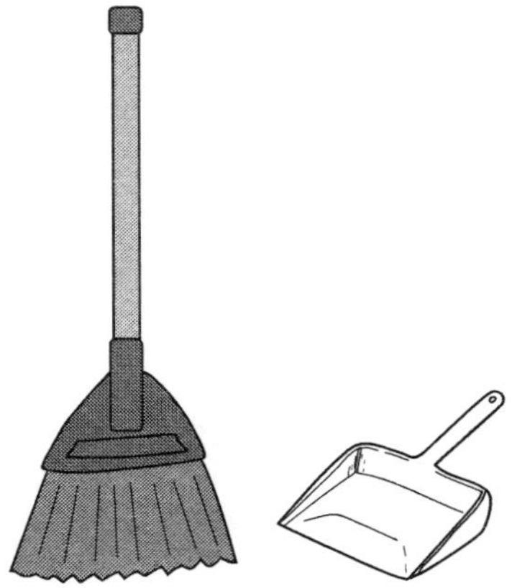

☆朝日塾小学校

問題３９

☆朝日塾小学校

問題40

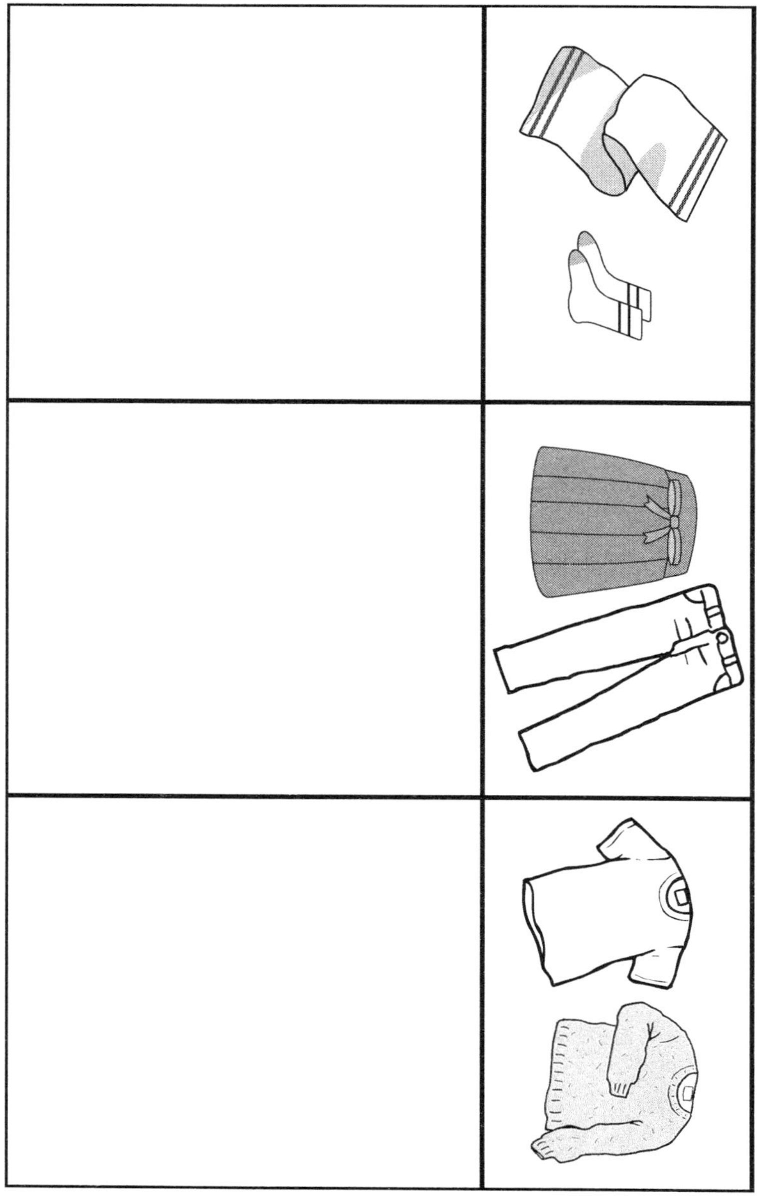

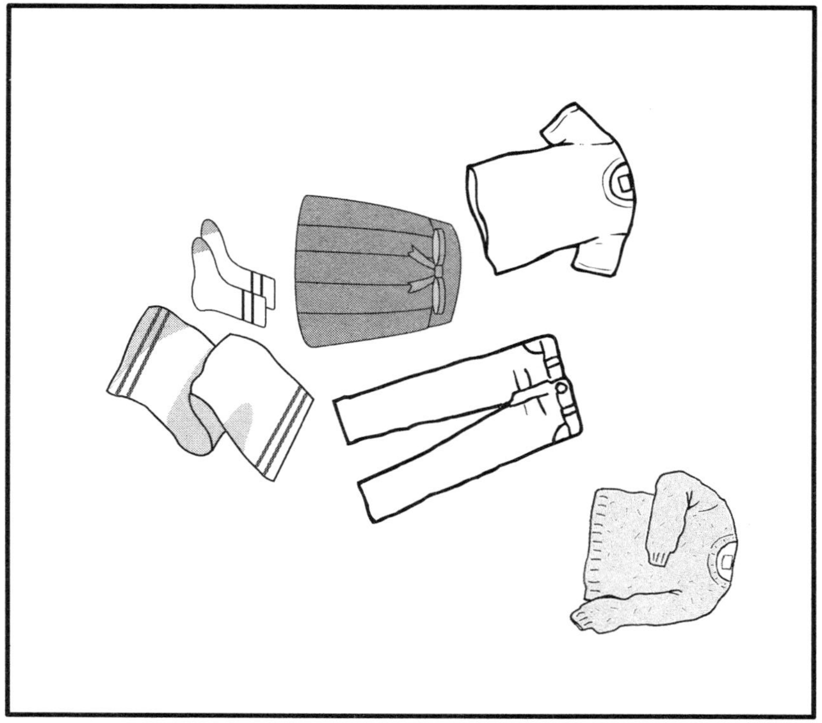

分野別 小学入試練習帳 ジュニアウォッチャー

1．点・線図形	小学校入試で出題頻度の高い『点・線図形』の模写を、難易度の低いものから段階別に幅広く練習することができるように構成。
2．座標	図形の位置模写という作業を、難易度の低いものから段階別に練習できるように構成。
3．パズル	様々なパズルの問題を難易度の低いものから段階別に練習できるように構成。
4．同図形探し	小学校入試で出題頻度の高い、同図形選びの問題を繰り返し練習できるように構成。
5．回転・展開	図形などを回転、または展開したとき、形がどのように変化するかを学習し、理解を深められるように構成。
6．系列	数、図形などの様々な系列問題を、難易度の低いものから段階別に練習できるように構成。
7．迷路	迷路の問題を繰り返し練習できるように構成。
8．対称	対称に関する問題を４つのテーマに分類し、各テーマごとに問題を段階別に練習できるように構成。
9．合成	図形の合成に関する問題を、難易度の低いものから段階別に練習できるように構成。
10．四方からの観察	もの（立体）を様々な角度から見て、どのように見えるかを推理する問題を段階別に整理し、１つの形式で複数の問題を練習できるように構成。
11．いろいろな仲間	ものや動物、植物の共通点を見つけ、分類していく問題を中心に構成。
12．日常生活	日常生活における様々な問題を６つのテーマに分類し、各テーマごとに一つの問題形式で複数の問題を練習できるように構成。
13．時間の流れ	『時間』に着目し、様々なものごとは、時間が経過するとどのように変化するのかということを学習し、理解できるように構成。
14．数える	様々なものを『数える』ことから、数の多少の判定やかけ算、わり算の基礎までを練習できるように構成。
15．比較	比較に関する問題を５つのテーマ（数、高さ、長さ、量、重さ）に分類し、各テーマごとに問題を段階別に練習できるように構成。
16．積み木	数える対象を積み木に限定した問題集。
17．言葉の音遊び	言葉の音に関する問題を５つのテーマに分類し、各テーマごとに問題を段階別に練習できるように構成。
18．いろいろな言葉	表現力をより豊かにするいろいろな言葉として、擬態語や擬声語、同音異義語、反意語、数詞を取り上げた問題集。
19．お話の記憶	お話を聴いてその内容を記憶、理解し、設問に答える形式の問題集。
20．見る記憶・聴く記憶	「見て憶える」「聴いて憶える」という『記憶』分野に特化した問題集。
21．お話作り	いくつかの絵を元にしてお話を作る練習をして、想像力を養うことができるように構成。
22．想像画	描かれてある形や景色に好きな絵を描くことにより、想像力を養うことができるように構成。
23．切る・貼る・塗る	小学校入試で出題頻度の高い、はさみやのりなどを用いた巧緻性の問題を繰り返し練習できるように構成。
24・絵画	小学校入試で出題頻度の高い、お絵かきやぬり絵などクレヨンやクーピーペンを用いた巧緻性の問題を繰り返し練習できるように構成。
25．生活巧緻性	小学校入試で出題頻度の高い日常生活の様々な場面における巧緻性の問題集。
26．文字・数字	ひらがなの清音、濁音、拗音、拗長音、促音と１～20までの数字に焦点を絞り、練習できるように構成。
27．理科	小学校入試で出題頻度が高くなりつつある理科の問題を集めた問題集。
28．運動	出題頻度の高い運動問題を種目別に分けて構成。
29．行動観察	項目ごとに問題提起をし、「このような時はどうか、あるいはどう対処するのか」の観点から問いかける形式の問題集。
30．生活習慣	学校から家庭に提起された問題と思って、一問一問絵を見ながら話し合い、考える形式の問題集。
31．推理思考	数、量、言語、常識（含理科、一般）など、諸々のジャンルから問題を構成し、近年の小学校入試問題傾向に沿って構成。
32．ブラックボックス	箱や筒の中を通ると、どのようなお約束でどのように変化するかを推理・思考する問題集。
33．シーソー	重さの違うものをシーソーに乗せた時どちらに傾くのか、またどうすればシーソーは釣り合うのかを思考する基礎的な問題集。
34．季節	様々な行事や植物などを季節別に分類できるように知識をつける問題集。
35．重ね図形	小学校入試で頻繁に出題されている「図形を重ね合わせてできる形」についての問題を集めました。
36．同数発見	様々な物を数え「同じ数」を発見し、数の多少の判断や数の認識の基礎を学べるように構成した問題集。
37．選んで数える	数の学習の基本となる、いろいろなものの数を正しく数える学習を行う問題集。
38．たし算・ひき算１	数字を使わず、たし算とひき算の基礎を身につけるための問題集。
39．たし算・ひき算２	数字を使わず、たし算とひき算の基礎を身につけるための問題集。
40．数を分ける	数を等しく分ける問題です。等しく分けたときに余りが出るものもあります。
41．数の構成	ある数がどのような数で構成されているか学んでいきます。
42．一対多の対応	一対一の対応から、一対多の対応まで、かけ算の考え方の基礎学習を行います。
43．数のやりとり	あげたり、もらったり、数の変化をしっかりと学びます。
44．見えない数	指定された条件から数を導き出します。
45．図形分割	図形の分割に関する問題集。パズルや合成の分野にも通じる様々な問題を集めました。
46．回転図形	「回転図形」に関する問題集。やさしい問題から始め、いくつかの代表的なパターンから、段階を踏んで学習できるよう編集されています。
47．座標の移動	「マス目の指示通りに移動する問題」と「指示された数だけ移動する問題」を収録。
48．鏡図形	鏡で左右反転させた時の見え方を考えます。平面図形から立体図形、文字、絵まで。
49．しりとり	すべての学習の基礎となる「言葉」を学ぶこと、特に「語彙」を増やすことに重点をおき、さまざまなタイプの「しりとり」問題を集めました。
50．観覧車	観覧車やメリーゴーラウンドなどを舞台にした「回転系列」の問題集。「推理思考」分野の問題ですが、要素として「図形」や「数量」も含みます。
51．運筆①	鉛筆の持ち方を学び、点線なぞり、お手本を見ながらの模写で、線を引く練習をします。
52．運筆②	運筆①からさらに発展し、「欠所補完」や「迷路」などを楽しみながら、より複雑な鉛筆運びを習得することを目指します。
53．四方からの観察 積み木編	積み木を使用した「四方からの観察」に関する問題を練習できるように構成。
54．図形の構成	見本の図形がどのような部分によって形づくられているかを考えます。
55．理科②	理科的知識に関する問題を集中して練習する「常識」分野の問題集。
56．マナーとルール	道路や駅、公共の場でのマナー、安全や衛生に関する常識を学べるように構成。
57．置き換え	さまざまな具体的・抽象的事象を記号で表す「置き換え」の問題を扱います。
58．比較②	長さ・高さ・体積・数などを数学的な知識を使わず、論理的に推測する「比較」の問題を練習できるように構成。
59．欠所補完	線と線のつながり、欠けた絵に当てはまるものなどを求める「欠所補完」に取り組める問題集です。
60．言葉の音（おん）	しりとり、決まった順番の音をつなげるなど、「言葉の音」に関する問題に取り組める練習問題集です。

◆◆ニチガクのおすすめ問題集◆◆

より充実した家庭学習を目指し、ニチガクではさまざまな問題集をとりそろえております!!

サクセスウォッチャーズ（全 18 巻）

①〜⑱
本体各￥2,200 ＋税

全 9 分野を「基礎必修編」「実力アップ編」の 2 巻でカバーした、合計 18 冊。

各巻 80 問と豊富な問題数に加え、他の問題集では掲載していない詳しいアドバイスが、お子さまを指導する際に役立ちます。

各ページが、すぐに使えるミシン目付き。本番を意識したドリルワークが可能です。

ジュニアウォッチャー（既刊 60 巻）

①〜60（以下続刊）
本体各￥1,500 ＋税

入試出題頻度の高い 9 分野を、さらに 60 の項目にまで細分化。基礎学習に最適のシリーズ。

苦手分野におけるつまずきを、効率よく克服するための 60 冊です。

ポイントが絞られているため、無駄なく高い効果を得られます。

国立・私立 NEW ウォッチャーズ

言語／理科／図形／記憶
常識／数量／推理
本体各￥2,000 ＋税

シリーズ累計発行部数 40 万部以上を誇る大ベストセラー「ウォッチャーズシリーズ」の趣旨を引き継ぐ新シリーズ!!

実際に出題された過去問の「類題」を 32 問掲載。全問に「解答のポイント」付きだから家庭学習に最適です。「ミシン目」付き切り離し可能なプリント学習タイプ！

実践 ゆびさきトレーニング①・②・③

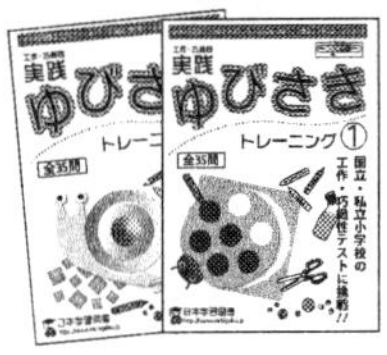

本体各￥2,500 ＋税

制作問題に特化した一冊。有名校が実際に出題した類似問題を 35 問掲載。

様々な道具の扱い（はさみ・のり・セロハンテープの使い方）から、手先・指先の訓練（ちぎる・貼る・塗る・切る・結ぶ）、また、表現することの楽しさも経験できる問題集です。

お話の記憶・読み聞かせ

［お話の記憶問題集］
中級／上級編
本体各￥2,000 ＋税

初級／過去類似編／ベスト 30
本体各￥2,600 ＋税

1 話 5 分の読み聞かせお話集①・②、入試実践編①
本体各￥1,800 ＋税

あらゆる学習に不可欠な、語彙力・集中力・記憶力・理解力・想像力を養うと言われているのが「お話の記憶」分野の問題。問題集は全問アドバイス付き。

分野別 苦手克服シリーズ（全 6 巻）

図形／数量／言語／
常識／記憶／推理
本体各￥2,000 ＋税

数量・図形・言語・常識・記憶の 6 分野。アンケートに基づいて、多くのお子さまがつまづきやすい苦手問題を、それぞれ 40 問掲載しました。

全問アドバイス付きですので、ご家庭において、そのつまづきを解消するためのプロセスも理解できます。

運動テスト・ノンペーパーテスト問題集

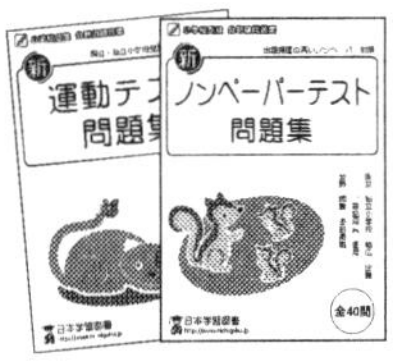

新 運動テスト問題集
本体￥2,200 ＋税

新 ノンペーパーテスト問題集
本体￥2,600 ＋税

ノンペーパーテストは国立・私立小学校で幅広く出題される、筆記用具を使用しない分野の問題を全 40 問掲載。

運動テスト問題集は運動分野に特化した問題集です。指示の理解や、ルールを守る訓練など、ポイントを押さえた学習に最適。全 35 問掲載。

口頭試問・面接テスト問題集

新 口頭試問・個別テスト問題集
本体￥2,500 ＋税

面接テスト問題集
本体￥2,000 ＋税

口頭試問は、主に個別テストとして口頭で出題解答を行うテスト形式。面接は、主に「考え」やふだんの「あり方」をたずねられるものです。

口頭で答える点は同じですが、内容は大きく異なります。想定する質問内容や答え方の幅を広げるために、どちらも手にとっていただきたい問題集です。

小学校受験 厳選難問集 ①・②

本体各￥2,600 ＋税

実際に出題された入試問題の中から、難易度の高い問題をピックアップし、アレンジした問題集。応用問題への挑戦は、基礎の理解度を測るだけでなく、お子さまの達成感・知的好奇心を触発します。

①は数量・図形・推理・言語、②は位置・常識・比較・記憶分野の難問を掲載。それぞれ 40 問。

国立小学校　対策問題集

国立小学校入試問題 A・B・C（全 3 巻）本体各￥3,282 ＋税

新 国立小学校直前集中講座
本体￥3,000 ＋税

国立小学校頻出の問題を厳選。細かな指導方法やアドバイスが掲載してあり、効率的な学習が進められます。「総集編」は難易度別に A 〜 C の 3 冊。付録のレーダーチャートにより得意・不得意を認識でき、国立小学校受験対策に最適です。入試直前の対策には「新 直前集中講座」！

おうちでチャレンジ ①・②

本体各￥1,800 ＋税

関西最大級の模擬試験である小学校受験標準テストのペーパー問題を編集した実力養成に最適な問題集。延べ受験者数 10,000 人以上のデータを分析しお子さまの習熟度・到達度を一目で判別。

保護者必読の特別アドバイス収録！

Q & A シリーズ

『小学校受験で知っておくべき 125 のこと』
『小学校受験に関する 保護者の悩み Q & A』
『新 小学校受験の入試面接 Q & A』
『新 小学校受験 願書・アンケート文例集 500』
本体各￥2,600 ＋税
『小学校受験のための
願書の書き方から面接まで』
本体￥2,500 ＋税

「知りたい！」「聞きたい！」「こんな時どうすれば…？」そんな疑問や悩みにお答えする、オススメの人気シリーズです。

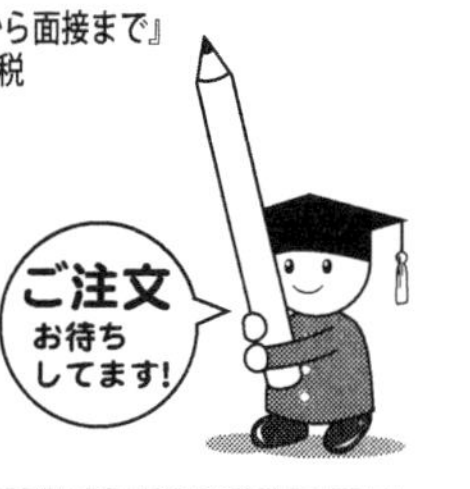

書籍についてのご注文・お問い合わせ
☎ 03-5261-8951

http://www.nichigaku.jp
※ご注文方法、書籍についての詳細は、Web サイトをご覧ください。

日本学習図書　検索

『読み聞かせ』×『質問』＝『聞く力』

お話の記憶の練習に最適

1話5分の 読み聞かせお話集①②

「アラビアン・ナイト」「アンデルセン童話」「イソップ寓話」「グリム童話」、日本や各国の民話、昔話、偉人伝の中から、教育的な物語や、過去に小学校入試でも出題された有名なお話を中心に掲載。お話ごとに、内容に関連したお子さまへの質問も掲載しています。「読み聞かせ」を通して、お子さまの『聞く力』を伸ばすことを目指します。

①巻・②巻　各48話

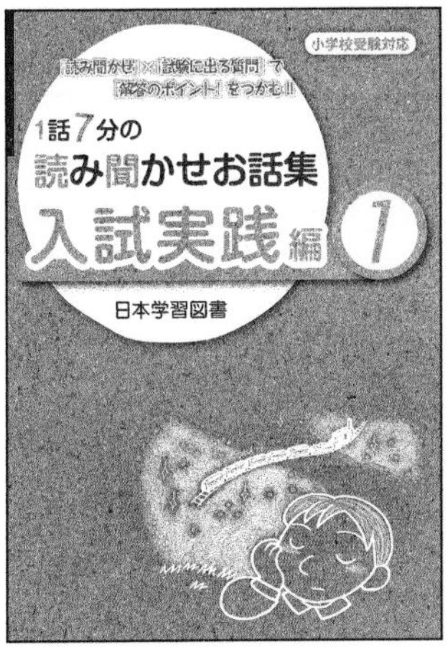

1話7分の読み聞かせお話集 入試実践編①

国立・私立小学校受験対応

最長1,700文字の長文のお話を掲載。有名でない＝「聞いたことのない」お話を聞くことで、『集中力』のアップを目指します。設問も、実際の試験を意識した設問としています。ペーパーテスト実施校の多くが「お話の記憶」の問題を出題します。毎日の「読み聞かせ」と「試験に出る質問」で、「解答のポイント」をつかんで臨みましょう！

50話収録

ニチガクの この5冊で受験準備も万全！

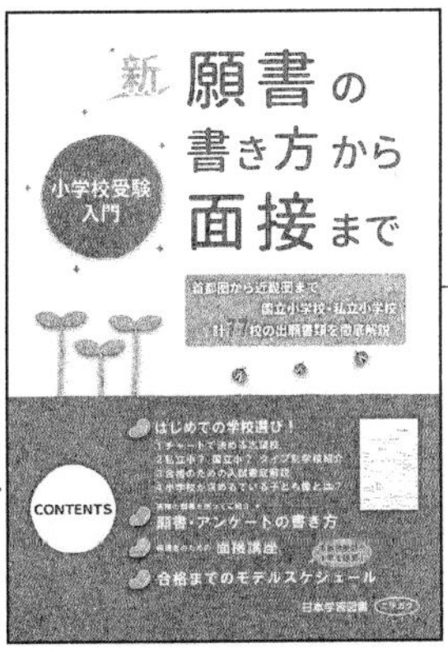

小学校受験入門 願書の書き方から面接まで リニューアル版

主要私立・国立小学校の願書・面接内容を中心に、学校選びや入試の分野傾向、服装コーディネート、持ち物リストなども網羅し、受験準備全体をサポートします。

小学校受験で 知っておくべき 125のこと

小学校受験の基本から怪しい「ウワサ」まで、保護者の方々からの 125 の質問にていねいに解答。目からウロコのお受験本。

新　小学校受験の 入試面接Q＆A リニューアル版

過去十数年に遡り、面接での質問内容を網羅。小学校別、父親・母親・志願者別、さらに学校のこと・志望動機・お子さまについてなど分野ごとに模範解答例やアドバイスを掲載。

新　願書・アンケート 文例集500 リニューアル版

有名私立小、難関国立小の願書やアンケートに記入するための適切な文例を、質問の項目別に収録。合格を掴むためのヒントが満載！願書を書く前に、ぜひ一度お読みください。

小学校受験に関する 保護者の悩みQ＆A

保護者の方約 1,000 人に、学習・生活・躾に関する悩みや問題を取材。その中から厳選した 200 例以上の悩みに、「ふだんの生活」と「入試直前」のアドバイス 2本立てで悩みを解決。

日本学習図書株式会社

家庭学習をトータルサポート！ ニチガクのオリジナル 効果的 学習法

1 まずは アドバイスページを読む！

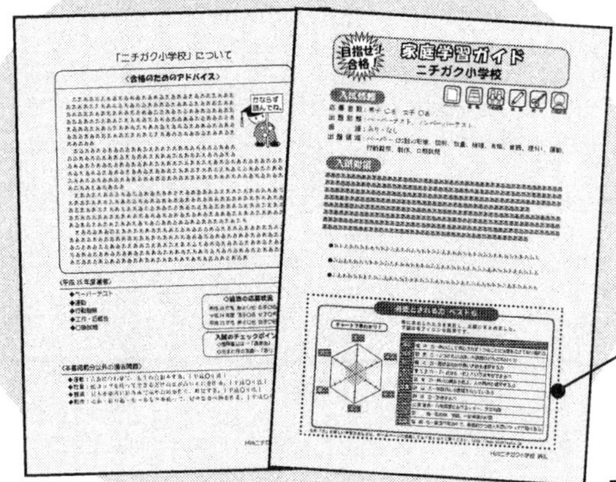

ピンク色です

対策や試験ポイントがぎっしりつまった「家庭学習ガイド」。分析内容やレーダーチャート、分野アイコンで、試験の傾向をおさえよう！

2 問題を全て読み、出題傾向を把握する

3 「学習のポイント」で学校側の観点や問題の解説を熟読

4 初めて過去問題にチャレンジ！

5 プラスα 対策問題集や類題で力を付ける

過去問のこだわり

各問題に求められる「力」

分野だけでなく、各問題の求められる「力」をアイコンで表記！アドバイスページの分析レーダーチャートで力のバランスも把握できる！

各問題のジャンル

問題1 分野：数量（計数） 集中 観察

〈準備〉 クレヨン

〈問題〉 ①虫がたくさんいます。それぞれの虫は何匹いますか。下のそれぞれの絵の右側に、その数だけ緑色のクレヨンで○を書いてください。
②果物が並んでいます。それぞれの果物はいくつありますか。下のそれぞれの絵の右側に、その数だけ赤色のクレヨンで○を書いてください。

〈時間〉 1分

〈解答〉 ①アメンボ…5、カブトムシ…8、カマキリ…11、コオロギ…9
②ブドウ…6、イチゴ…10、バナナ…8、リンゴ…5

出題年度

[2017年度出題]

学習のポイント

①は男子、②は女子で出題されました。1次試験のペーパーテストは、全体的にオーソドックスな内容で、特別に難易度が高い問題ではありません。しかし、解答時間が短く、解き終わらない受験者も多かったようです。本問のような計数問題では、特に根気よく、数え落としがないように進めなければなりません。そのためにも、例えば、左上の虫から右に見ていく、もしくは縦に見ていく、というように、ルールを決めて数えていくこと、また、○や×、△などの印を虫ごとに付けていくことで、数え落としのミスを減らせます。時間は短いため焦りがつきものですが、落ち着いて取り組めるよう、少しずつ練習していきましょう。

【おすすめ問題集】
Ｊｒ・ウォッチャー14「数える」、37「選んで数える」

学習のポイント

各問題の解説や学校の観点、指導のポイントなどを教えます。
今日から保護者の方が家庭学習の先生に！

おすすめ対策問題集

分野ごとに対策問題集をご紹介。苦手分野の克服に最適です！
＊専用注文書付き。

2021年度版　ノートルダム清心女子大学附属小学校
朝日塾小学校　過去問題集

発行日　2020年9月2日
発行所　〒162-0821 東京都新宿区津久戸町 3-11-9F
日本学習図書株式会社
電　話　03-5261-8951 ㈹

ISBN978-4-7761-5325-2
C6037 ¥2500E

9784776153252

1926037025009

定価　本体2,500円＋税